맛있는 말씀 멋진 하나님

맛있는 말씀 멋진 하나님

1판 1쇄 발행 2024년 7월 20일

1판 1쇄 인쇄 2024년 7월 20일

지은이	천준호
펴낸이	정신일
편집	홍소희
교정	성주희
펴낸곳	크리스천리더
일부총판	생명의 말씀사 (02) 3159-7979
등록	제 2-2727호(1999. 9.30)
주소	부천시 성주로 96번길 제일빌딩 6층
전화	032) 342-1979
팩스	032) 343-3567
출간상담	E-mail:chmbit@hanmail.net
홈페이지	www.cjesus.co.kr
유튜브	크리스천리더TV

ISBN : 978-89-6594-366-2   03230

정가 : 12,000원

- 이 출판물은 저작권법에 의해 보호받는 창작물이므로, 무단 복제와 무단전재를 할 수 없습니다.

- 잘못된 책은 구입하신 곳에서 바꿔드립니다.

맛있는 말씀
멋진 하나님

천준호 목사

"말씀은 성경 안에 갇혀있지 않습니다."

CLS 크리스천리더

소리 없는 말씀

"하늘이 하나님의 영광을 선포하고 궁창이 그의 손으로 하신 일을 나타내는도다 날은 날에게 말하고 밤은 밤에게 지식을 전하니 언어도 없고 말씀도 없으며 들리는 소리도 없으나 그의 소리가 온 땅에 통하고 그의 말씀이 세상 끝까지 이르도다 하나님이 해를 위하여 하늘에 장막을 베푸셨도다"(시19:1-4)

하늘이 하나님의 영광을 선포합니다. 세상의 모든 것들은 우연히 만들어진 것이 아니라 하나님이 만드셨다고 선포합니다. 낮은 낮대로 하나님의 영광을 선포하고, 밤은 밤대로 하나님의 영광을 나타낸다.

'말하고', '전하니' 그들은 소리 없이 하나님에 대한 지식을 말하고 전합니다. 하늘은 하나님에 대한 지식을 사람에게 보여주시는 탁월한 계시가 됩니다. 성경이 기록된 하나님의 말씀이라면 자연은 소리 없는 하나님의 말씀입니다. 소리 없는 하나님의 말씀은 세상 끝까지 이릅니다.

그 소리 가운데 주 음성 들리니

'참 아름다워라 주님의 세계는 저 산에 부는 바람과 잔잔한 시냇물
그 소리 가운데 주 음성 들리니 주 하나님의 큰 뜻을 나 알듯 하도다'

하나님의 은혜가 얼마나 크신지 하나님이 만드신 자연 속에서 주님의 소리가 들립니다. 솔로몬의 옷보다 더 고운 백합화가 주님의 솜씨를 찬양합니다. 아침 해와 저녁놀 밤하늘 빛난 별, 망망한 바다와 늘 푸른

봉우리들이 주님의 영광을 드러냅니다. 찬송가 478장의 가사를 곱씹을수록 은혜가 넘칩니다. 하나님께서는 창조하신 자연을 통해 하나님의 음성을 듣습니다. 산을 보고 바다를 보아도 하나님이 생각나고, 해와 달과 별들을 보아도 하나님의 말씀이 생각납니다. 바닷가의 모래들을 속에서 아브라함에게 약속하셨던 하나님의 말씀이 생각납니다. 우주와 만물을 하나님이 만드셨기에 그 속에 하나님의 성품과 사랑, 그분의 능력이 숨 쉬고 있습니다.

매일의 삶을 통해서도 주님의 음성을 듣습니다. 아내의 음식 만드는 일을 돕기 위해 파를 다듬다가 너의 인생도 다듬어져야 된다는 말씀을 듣습니다. 파가 음식 재료로 사용되려면 밭에서 뽑혀야 되고, 다듬어져야 되고, 썩은 부분은 잘라내야 되고, 깨끗이 씻겨 져야 사용됩니다. 인생도 그와 같음을 깨닫게 하십니다. 벗겨지고 씻겨 지고 다듬어 지는 과정들을 통과하게 하신 후 사용하십니다. 날마다 기록된 말씀으로 하나님의 말씀을 듣고, 삶을 통해서 말씀을 듣습니다.

'저 산에 부는 바람과 잔잔한 시냇물 그 소리 가운데 주 음성 들리듯'

하나님께서는 우리의 일상에서 일어나는 일들을 통해 주님의 음성을 듣게 하십니다. 내가 보고 느끼고 체험하고 있는 일들을 통해 주님의 음성을 듣게 하십니다.

말씀은 성경 안에 갇혀있지 않습니다.

[비상구] 내 인생 단 하나의 비상구는 예수 그리스도입니다.

"다른 이로써는 구원을 받을 수 없나니 천하 사람 중에 구원을 받을 만한 다른 이름을 우리에게 주신 일이 없음이라"(행4:12).

[평생진찰권] 아주대학병원에서 진료를 받았는데 처음 온 사람이라고 평생진찰권을 만들어 주었습니다. 인생을 만드시고, 생명을 불어 넣어 사람이 되게 하신 하나님께서 보잘 것 없는 인생을 평생 동안 돌보아주시되, 우리에게 대가를 요구하지 않으시는 하나님의 은혜를 입고 살았습니다.

[핸드폰, 노트북, SNS] 핸드폰과 노트북은 세상과 내가 소통하는 방식입니다. 세상과 나를 연결해주고, 사람과 사람을 연결해 줍니다. 세상과 소통하는 방법은 많아졌고, 사람들과 소통하기 위해 밤낮없이 손에 들고 살아가지만, 하나님과 소통하는 일에는 무관심한 것 같아 안타깝고 죄송한 마음이 듭니다.

[보이기 시작합니다] 된장찌개에 무엇이 들어가는지, 김치찌개에 어떤 재료가 들어가는지 보이기 시작합니다. 해주는 음식만 먹을 때에는 보이지 않았던 것들이, 이제는 보이기 시작합니다. 성경도 관심 갖게 되면 보이기 시작합니다. 하나님의 말씀은 성경 안에 갇혀있지 않습니다.

[꿀맛] 꿀을 먹고 달달한 과일을 먹으면 맛이 없습니다. 꿀맛이 너무 강해서 단맛을 느낄 수 없기 때문입니다. 꿀맛을 모른다는 것은 꿀이 세상에 없기 때문이 아니라 아직 그런 맛을 먹어보지 못했기 때문일 것입니다. 주님의 맛은 세상의 모든 맛을 이깁니다. 세상의 그 어떤 맛도 주님의 맛에 묻혀 버리기 때문입니다. 하나님의 말씀은 성경 안에 갇혀있지 않습니다. 오늘을 살아가는 나의 일상 속에 함께 있고, 언제나 가까이 있습니다. 그 맛을 느끼게 해드리고 싶습니다. 그 맛이 너무 좋고 강해서 다른 맛을 느낄 수 없는 그 은혜를 입기를 소원합니다.

'맛있는 설교 멋진 하나님' 이렇게 시작되었습니다.

'낫 놓고 기역자도 모른다'는 속담이 있습니다. 알지 못하면 낫을 놓고도 기역 자를 생각할 수 없습니다. 알았다는 것은 배운 것을 기억하고 있는 것을 말합니다. 아무리 많은 것을 알아도 기억하지 못한다면 내 삶에 영향을 미칠 수가 없습니다. 교회 교육을 하면서 고민하게 된 것은 배운 말씀을 기억하지 못하고 금방 잊어버린다는 것입니다. 진학을 위해서는 공부하지만 말씀대로 살기 위해서 성경을 공부하지 않습니다. 선포된 하나님의 말씀들이 우리들의 머리와 가슴에 머물지 못하고 잊혀져감에 안타까워하던 중 하나님의 말씀을 오래 기억할 수 있는 아이디어를 주셨습니다. 우리들의 주변에서 하나님의 말씀을 생각할 수 있는 것들을 찾다가 새로운 세상이 열리는 것을 경험했습니다.

　편의점과 마트에는 하나님의 말씀을 전하기에 좋은 재료들이 가득했습니다. 아이들이 먹는 과자, 아이들이 먹는 아이스크림, 아이들의 사용하는 도구들이 복음을 전하는데 얼마나 아름답게 쓰여 질 수 있는지 깨닫게 되었습니다. 아이스크림 '아시나요'를 보여주면서 "여러분 하나님께서 우리들을 얼마나 사랑하시는지 아시나요?", '뻥이요' 과자를 보여주면서 "뻥이요'라고 따라하게 한 후 '하나님의 말씀은 뻥이 아닙니다. 진리입니다'라고 했을 때 폭소와 함께 터진 환한 아이들의 얼굴을 잊을 수 없습니다. 과자설교 이렇게 시작되었습니다. 세상은 아는 만큼 보이고 보는 만큼 깨달아지고 깨달은 만큼 닮아갑니다.

　이제는 무엇을 보아도 하나님의 말씀이 생각납니다.

'시작이 반'이라는 말이 있습니다. 이 말은 두 가지 뜻을 가지고 있습니다. 시작하면 이미 일의 반을 마친 셈이니 두려워하거나 겁먹지 말고 일을 시도하라는 뜻입니다. 어떤 일을 중도에 포기하는 것은 좋지 않지만 일이 두려워 시작조차 못하는 것은 더 나쁜 것입니다. 시작이 없이는 아무 일도 이룰 수 없기 때문입니다. 불가능한 것을 이루려면 불가능한 것을 시도해야 합니다. 처음에는 끝이 보이지 않지만 시작하면 어느 순간 끝에 와 있는 자신의 모습을 보게 됩니다.

'시작이 반'이라는 말의 또 하나의 의미는 시작을 좋게 하라는 것입니다. 어떻게 시작하느냐가 일의 방향을 결정하고 그 결과를 짐작할 수 있게 합니다. 바른 길을 가야 바른 결과를 가져올 수 있습니다. 잘못된 출발은 잘못된 결과를 가져옵니다. 혹시 바르게 출발하지 못했다면 이제라도 멈추고 다시 출발해야 합니다. 그래야 더 늦어지지 않습니다. 과자설교는 다음세대를 세우는 현장에서 오랫동안 사용되었습니다. 하나님께서 허락하신 은혜를 혼자 누리기에는 죄송스러운 마음이 들어 나눔을 위해 오랜 시간을 준비했는데 그 글을 마칠 수 있도록 허락해주셨습니다. '맛있는 말씀, 멋진 하나님'은 맛있는 과자를 통해 하나님의 말씀을 전하게 하시고, 세상의 모든 것으로도 하나님을 표현할 수 있도록 허락하신 멋있는 하나님의 이름을 높여드리고 싶었습니다. 개인의 영광을 얻기 위해서 시작하지 않았습니다. 하나님의 기쁨이 되기 위해 시작했습니다. 이제는 무엇을 보아도 하나님의 말씀이 생각납니다.

말씀을 삶으로 요리하는 천준호 목사

목차

Chapter 1. **과자로 전하는 복음**

    1. 하나님의 말씀 · 11
    2. 예수님의 생애와 가르침 · 21
    3. 구약의 교훈 · 47
    4. 신약의 교훈 · 93

Chapter 2. **아이스크림으로 전하는 복음** · 113

Chapter 3. **몸으로 전하는 복음**

    1. 몸에 지닌 것들 · 125
    2. 가방에 넣고 다니는 것들 · 147

Chapter 4. **숫자로 전하는 복음** · 165

Chapter 5. **삶으로 전하는 복음** · 199

Chapter 1

과자로 전하는 복음

'하나님의 말씀'

1. 뻥이요 - 하나님의 말씀은 뻥이 아닙니다

여호와의 율법은 완전하여 영혼을 소성시키며 여호와의 증거는 확실하여 우둔한 자를 지혜롭게 하며 여호와의 교훈은 정직하여 마음을 기쁘게 하고 여호와의 계명은 순결하여 눈을 밝게 하시도다(시19:7-8)

'하나님의 말씀은 뻥이 아닙니다. 하나님의 말씀은 진짜입니다.'

하나님의 말씀은 그대로 이루어지는 능력이 있습니다. 하나님의 말씀에 거짓은 없습니다. 우리의 언어에 하나님의 말씀이 있어야 합니다.

예는 '예'라 대답하고, 아닌 것은 '아니요'라고 말할 수 있어야 됩니다. 우리의 언어는 뻥이 아니라 정직입니다.

2. 피자 - 성경을 피자

에스라가 모든 백성 위에 서서 그들 목전에 책을 펴니 책을 펼 때에 모든 백성이 일어서니라(느8:5)

성경책을 들고 따라·합니다.
'피자 피자 성경을 피자.'

하나님의 말씀인 성경책은 덮어놓고 무조건 믿으면 안 됩니다. 말씀이 내 안에 없으면 다른 것을 말하게 됩니다.

설교시간을 간증으로 채우는 것은 내 속에 말씀이 부족하기 때문입니다. 하나님의 말씀을 읽는 사람은 하나님의 말씀으로 그 시간을 채웁니다.

예수께서 무리를 보시고 산에 올라가 앉으시니 제자들이 나아온지라 입을 열어 가르쳐 이르시되(마5:1-2)

예수님께서 입을 열어 가르치신 말씀이 무엇입니까? 하나님의 말씀입니다. 지금 우리는 그 말씀을 기록하신 성경을 읽고 배우고 있습니다. 성경책은 덮어 놓고 믿는 책이 아닙니다. 성경은 펴서 읽어야 할 책입니다. '피자 성경을 피자.'

3. 인디언밥, 사또밥, 고래밥

- 우리는 성경을 밥으로 먹습니다

복 있는 사람은 악인들의 꾀를 따르지 아니하며 죄인들의 길에 서지 아니하며 오만한 자들의 자리에 앉지 아니하고 오직 여호와의 율법을 즐거워하여 그의 율법을 주야로 묵상하는도다(시1:1-2)

"인디언은 무슨 밥을 먹을까요?
'인디언밥을 먹어요.'

사또는 무슨 밥을 먹을까요?

'사또밥을 먹어요.'

고래는 무슨 밥을 먹을까요?

'고래는 고래밥을 먹어요."

인디언은 인디언밥 먹고 사또는 사또밥 먹고 고래는 고래밥을 먹습니다.

재밌죠. 그렇다면 우리는 무엇을 먹어야 될까요? 하나님의 말씀을 먹습니다. 사탄은 우리가 좋은 것 먹지 못하도록 방해합니다. 우리가 몸에 좋은 것을 먹어야 건강해지는 것처럼 우리 영혼도 좋은 것을 먹어야 건강해질 수 있습니다. 우리 영혼의 양식은 바로 하나님의 말씀이랍니다. 밥을 먹지 못하면 영양실조에 걸리고, 계속해서 아무것도 먹지 못하게 되면 죽게 되는 것처럼 우리 영혼도 하나님의 말씀을 먹지 않으면 영양실조에 걸려 세상을 이길 수 없습니다. 따라 해 보세요. "인디언은 인디언밥 먹고, 사또는 사또밥 먹고, 고래는 고래밥 먹고, 우리는 하나님의 말씀을 먹습니다."

4. 꿀꽈배기 - 말씀은 꿀맛

여호와를 경외하는 도는 정결하여 영원까지 이르고 여호와의 법도 진실하여 다 의로우니 금 곧 많은 순금보다 더 사모할 것이며 꿀과 송이꿀보다 더 달도다 (시19:9-10)

하나님의 말씀은 어떤 맛일까요? 다윗은 하나님의 말씀의 맛을 꿀과 송이 꿀보다 더 달다고 표현했습니다. 내 영혼을 즐겁고 행복하게 해주는 맛이라는 뜻입니다. 먹어보지 않은 사람은 그 맛을 알 수 없겠지요. 다윗의 고백입니다.

"너희는 여호와의 선하심을 맛보아 알지어다 그에게 피하는 자는 복이 있도다".

세상의 맛집이라는 맛집은 돌아다니면서 맛을 보고 홍보하는 사람들도 있습니다. 세상의 모든 것을 다 먹어보아도 진리의 맛을 모른다면 진짜 맛을 모르고 사는 인생입니다. 하나님의 교회는 진리의 맛집입니다. 하나님의 집에서 그 맛을 느껴보세요. 꿀맛.

5. 게맛살 - 니들이 게 맛을 알아?

한 번 빛을 받고 하늘의 은사를 맛보고 성령에 참여한 바 되고 하나님의 선한 말씀과 내세의 능력을 맛보고도 타락한 자들은 다시 새롭게 하여 회개하게 할 수 없나니 이는 그들이 하나님의 아들을 다시 십자가에 못 박아 드러내 놓고 욕되게 함이라(히6:4-5)

갓난 아기들 같이 순전하고 신령한 젖을 사모하라 이는 그로 말미암아 너희로 구원에 이르도록 자라게 하려 함이라 너희가 주의 인자하심을 맛보았으면 그리하라(벧전2:2-3)

'니들이 게 맛을 알아?'는 2002년 배우 신구가 출연한 롯데리아 크랩 버거 광고의 캐치프레이즈였습니다.

당시 유행어로 많은 사람들에게 사랑을 받았는데 그때의 말을 다시 꺼내보았습니다.

'니들이 성경 맛을 알아?' 맛을 본 사람들이 그 맛을 알기에 그 집을 찾아갑니다. 하나님의 교회는 말씀 맛집입니다. 그 맛을 아는 사람은 그 맛을 찾습니다.

6. 뽀또 - '또' 또 들려주세요

예수께서 이 말씀을 마치시매 무리들이 그의 가르치심에 놀라니 이는 그 가르치시는 것이 권위 있는 자와 같고 그들의 서기관들과 같지 아니함일러라 (마7:28-29)

예수님의 가르침을 듣고 예수님을 따르는 자들이 많아졌습니다. 예수님을 믿고 따른다는 것은 예수님의 가르침을 들을 뿐만 아니라 가르침대로 살아간다는 것을 뜻합니다. 나는 하나님의 말씀을 듣는 시간이 즐겁습니까?

나는 하나님의 말씀을 또 듣고 싶습니까?
주님의 말씀을 사모해야 주님의 뜻대로 살아갈 수 있습니다.

주 예수 크신 사랑(찬송가 205장)

주 예수 크신 사랑 늘 말해주시오
나 항상 듣던 말씀 또 들려주시오.
저 뵈지 않는 천국 주 예수 계신 곳
나 밝히 알아듣게 또 들려주시오.
나 항상 듣던 말씀 나 항상 듣던 말씀
주 예수 크신 사랑 또 들려주시오.

7. 비피더스 요거트 - 살아서 장까지

하나님의 말씀은 살아 있고 활력이 있어 좌우에 날선 어떤 검보다도 예리하여 혼과 영과 및 관절과 골수를 찔러 쪼개기까지 하며 또 마음의 생각과 뜻을 판단하나니 (히4:12)

비피더스 요거트가 담긴 통에 쓰여있는 글입니다.
'비피더스균이 살아서 장까지.'
비피더스 요거트를 먹으면 비피더스균이 중간에 없어지지 않고 살아서 장까지 간다는 광고였습니다. 비피더스 요거트가 살아서 장까지 가는지는 모르겠으나, 하나님의 말씀은 살아서 내 영혼 깊은 곳까지 이릅니다. 하나님의 말씀은 살아 있고 활력이 있어 마음의 생각과 뜻을 판단합니다. 내 속에 살아있는 말씀이 나를 살리는 말씀입니다.

듣고 사라지는 말씀은 지나가는 바람이 됩니다. 하나님의 말씀은 내 마음에 새겨야 됩니다. 우리가 듣는 하나님의 말씀이 내 속에 살아남아 있어야 그 말씀이 내 영혼과 삶을 새롭게 합니다.

8. 비밀 - 그 비밀의 문을 열겠습니다

예수 그리스도의 계시라 이는 하나님이 그에게 주사 반드시 속히 일어날 일들을 그 종들에게 보이시려고 그의 천사를 그 종 요한에게 보내어 알게 하신 것이라(계1:1)

오늘 여러분들에게 중요한 비밀을 하나 알려드리겠습니다. 성경은 비밀입니다. 요한계시록을 '예수 그리스도의 계시'라고 하신 것은 예수 그리스도에 관한 말씀이 아니라 예수 그리스도께서 하신 말씀이라는 뜻입니다. '계시'란 '감추어  진 것을 드러낸다.'라는 뜻으로 하나님의 비밀을 보여주신 것을 말씀합니다.

곧 계시로 내게 비밀을 알게 하신 것은 내가 먼저 간단히 기록함과 같으니 그것을 읽으면 내가 그리스도의 비밀을 깨달은 것을 너희가 알 수 있으리라(엡3:3-4)

우리는 계시의 말씀을 읽음으로 그 비밀을 알게 됩니다. 성경을 편다는 것은 비밀의 문을 여는 것입니다. '자, 이제 그 비밀의 문을 열겠습니다.' 하나님의 아들 예수 그리스도의 복음의 시작이라(막1:1)

이 말씀은 하나님의 말씀을 대언하는 자들에게 주시는 감격입니다. 이 직분을 여러분께 맡기셨으니 기쁨으로 감당합시다.

9. 왕뚜껑 - 뚜껑 열어, 마음을 열어

또 이르시되 내가 너희와 함께 있을 때에 너희에게 말한 바 곧 모세의 율법과 선지자의 글과 시편에 나를 가리켜 기록된 모든 것이 이루어져야 하리라 한 말이 이것이라 하시고 이에 그들의 마음을 열어 성경을 깨닫게 하시고(눅24:44-45)

예수께서 예루살렘에 들어가시면 죽었다가 사흘만에 다시 살아나실 것을 말씀하셨지만 제자들은 믿지 못했습니다.

예수님이 십자가를 지신 후 제자들은 흩어졌고 제자들을 찾아가신 것은 예수님이셨습니다. 예수님은 제자들에게 성경을 가르치시며 깨닫게 하셨습니다. 하나님의 말씀을 들을 때 마음을 열어야 됩니다.

두아디라 시에 있는 자색 옷감 장사로서 하나님을 섬기는 루디아라 하는 한 여자가 말을 듣고 있을 때 주께서 그 마음을 열어 바울의 말을 따르게 하신지라(행16:14)

우리의 마음은 내가 여는 것이 아니라 주님이 열어주시는 것입니다.

10. 아침에 주스 - 아침에 큐티

지존자여 십현금과 비파와 수금으로 여호와께 감사하며 주의 이름을 찬양하고 아침마다 주의 인자하심을 알리며 밤마다 주의 성실하심을 베풂이 좋으니이다(시92:1)

'아침에 주스, 아침에 큐티'
매일 아침 신선한 우유를 마시거나, 과일 주스를 마시듯 우리는 매일 아침 말씀을 묵상합니다.
신선한 음료를 마시듯 주님의 말씀을 먹고, 내 영혼에 마르지 않는 영원한 음료 되시는 주님을 만납니다. 아침에 일어나 첫 번째로 하는 것은 무엇인가요?
아침에 기도

Chapter 1

과자로 전하는 복음

'예수님의 생애와 가르침'

1. 오래오 - 예수님께서 오래오

갈릴리 해변에 다니시다가 두 형제 곧 베드로라 하는 시몬과 그의 형제 안드레가 바다에 그물 던지는 것을 보시니 그들은 어부라 말씀하시되 나를 따라오라 내가 너희를 사람을 낚는 어부가 되게 하리라 하시니 그들이 곧 그물을 버려 두고 예수를 따르니라(마4:18-20)

예수님의 제자들은 주님께서 직접 부른 사람들입니다. 베드로와 안드레, 야고보와 요한은 고기 잡는 어부였고, 마태는 세리였고, 가나나인 시몬은 열심당원이었습니다.

예수님께서 나를 따라오라 하셨을 때 그들은 모든 것을 버리고 주님을 따랐습니다. 각자 부르심의 자리는 달랐지만 예수님을 따라가는 방법은 같았습니다.

모든 것을 버리고 주님을 따른다는 것은 주님께서 모든 것을 책임져 주심을 믿는 것이고, 내 손에 있는 그 어떤 것보다 예수 그리스도를 따라가는 것이 가장 귀한 줄 알았기 때문입니다. 전에는 비방자요 박해자요 폭행자였던 바울도 부르셔서 주님을 따르게 하셨습니다. '오래오' 예수님께서 오라고 부르십니다.

2. 맛소금 - 맛을 내는 소금

너희는 세상의 소금이니 소금이 만일 그 맛을 잃으면 무엇으로 짜게 하리요 후에는 아무 쓸 데 없어 다만 밖에 버려져 사람에게 밟힐 뿐이니라(마 5:13)

맛없는 소금, 맛 잃은 소금을 생각해 본 적 있나요? 소금이 맛을 내는 곳에 사용하는 것처럼 그리스도인은 세상에 맛을 내는 사람입니다.

소금이 맛을 내지 못하면 밖에 버려져 사람에게 밟히는 것처럼 맛을 내지 못하는 그리스도인은 세상에서 아무것도 될 수 없습니다. 예수님이 말씀하신 소금은 부패를 방지하는 소금이 아닙니다. 맛을 내는 소금입니다. 그리스도인은 세상의 부패를 방지하는 자들이 아니라 세상 사는 날 동안 그리스도의 맛을 내는 사람이라는 것을 잊지 마세요.

'우리는 세상에 그리스도의 맛을 내는 맛소금입니다.'

3. 주먹밥대장 - 주먹이 아니라 사랑입니다

또 네 이웃을 사랑하고 네 원수를 미워하라 하였다는 것을 너희가 들었으나 나는 너희에게 이르노니 너희 원수를 사랑하며 너희를 박해하는 자를 위하여 기도하라(마5:43-44)

예수님의 삶의 방식은 우리의 생각을 뛰어 넘습니다.

나는 너희에게 이르노니 악한 자를 대적하지 말라 누구든지 네 오른편 뺨을 치거든 왼편도 돌려 대며 (마5:39).

예수님은 말씀만 멋있게 하신 것이 아니라 말씀하신 대로 사셨습니다. 빌라도의 법정에서 예수님의 옷을 벗기고 홍포를 입히며 가시관을 엮어 그 머리에 씌우고 갈대를 그 오른손에 들리고 그 앞에서 무릎을 꿇고 희롱하고, 그에게 침을 뱉고 갈대를 빼앗아 그의 머리를 쳤지만 반항하지 않으셨습니다. 오히려 십자가의 죽으심 앞에서 그들을 용서하셨습니다.

아버지 저들을 사하여 주옵소서 자기들이 하는 것을 알지 못함이니이다 (눅23:34).

사흘 뒤에 부활하신 후 자신을 재판한 자들과 때린 자들, 조롱한 자들을 찾아가 책망하지 않으시고, 흩어진 제자들을 찾아 다시 사명을 주셨습니다. 주먹이 아니라 사랑입니다. 하나님은 사랑이시고 기독교는 사랑입니다.

4. 왔다 껌 - 하나님 나라가 가까이 왔다

가면서 전파하여 말하되 천국이 가까이 왔다 하고(마10:7)

거기 있는 병자들을 고치고 또 말하기를 하나님의 나라가 너희에게 가까이 왔다 하라(눅10:9)

이르시되 내가 은혜 베풀 때에 너에게 듣고 구원의 날에 너를 도왔다 하셨으니 보라 지금은 은혜 받을 만한 때요 보라 지금은 구원의 날이로다(고후6:2)

세례요한은 "회개하라 천국이 가까이 왔느니라"라고 외쳤고, 예수님도 사역을 시작하시면서 "회개하라 천국이 가까이 왔느니라" 하셨습니다. 예수 그리스도가 오심으로 하나님의 나라가 우리 가운데 오게 되었고 예수님을 영접함으로 우리는 하나님의 자녀가 됩니다.

예수님은 슬기로운 다섯 처녀와 미련한 다섯 처녀를 비유로 하나님의 나라를 말씀하시면서 '보라 신랑이 왔다. 맞으러 나오라.'라고 하셨습니다. 천국은 죽어야만 가는 나라가 아닙니다. 이미 세상에 와 있고 예수님을 믿는 내 마음에 와 있습니다. '천국이 왔다.'

5. 만두 - 만두는 속이 맛있어야 하고, 사람도 속이 좋아야 한다

화 있을진저 외식하는 서기관들과 바리새인들이여 잔과 대접의 겉은 깨끗이 하되 그 안에는 탐욕과 방탕으로 가득하게 하는도다 눈 먼 바리새인이여 너는 먼저 안을 깨끗이 하라 그리하면 겉도 깨끗하리라(마23:25-26)

만두의 종류는 찐만두, 군만두, 물만두 같은 조리방법에 의해 붙여진 이름이 있고, 속 안에 들어가는 내용물에 따라 고기만두, 야채만두, 김치만두, 왕만두라고 불려지기도 합니다.
　보암직도 하고 먹음직도 하기 위해 만두의 겉모습을 다양하게 만들어 보기도 하지만 정말 중요한 것은 만두가 담고 있는 내용물입니다.
　TV 예능 프로에서는 시청자들에게 재미를 주기 위해서 만두 속에 겨자를 넣어 눈물 흘리게 하거나, 만두 속에 식초를 넣어 얼굴 찌푸리는 모습을 보여주기도 합니다. 만두의 겉모습만 보아서는 그 속을 알 수 없었기 때문이지요.
　속은 비어있으면서 겉만 화려한 과대포장의 그리스도인은 아니었는지 만두를 통해 우리의 모습을 봅니다.
　'만두는 속이 맛있어야 하고, 사람도 속이 좋아야 합니다.'

6. 고구마 속마음 - 주님은 우리의 속마음을 아십니다

화 있을진저 외식하는 서기관들과 바리새인들이여 회칠한 무덤 같으니 겉으로는 아름답게 보이나 그 안에는 죽은 사람의 뼈와 모든 더러운 것이 가득하도다 이와 같이 너희도 겉으로는 사람에게 옳게 보이되 안으로는 외식과 불법이 가득하도다(마23:27-28)

겉과 속이 다른 사람이 있습니다. 외식하는 서기관들과 바리새인들이며, 양의 탈을 썼으나 속마음은 이리를 품고 있는 거짓 선지자들입니다.

하나님은 광야를 행진하는 이스라엘 백성들을 보기 위해 발락과 동행한 발람의 속마음을 아셨고, 전쟁에서 승리하고 돌아오면서 모든 것을 진멸하지 않고 좋은 것을 가지고 돌아온 사울왕의 속마음을 아셨습니다. 예수님은 옥합을 깨뜨린 여인의 마음을 아셨고,

예수님의 옷자락이라도 만지면 낫겠다는 혈루증 여인의 마음도 아셨습니다. 사람들은 몰라도 주님은 우리의 속마음 진짜 마음을 알고 계십니다. 그리스도인은 겉과 속이 다른 사람이 아니라 겉과 속이 같은 사람입니다.

여호와께서 사무엘에게 이르시되 그의 용모와 키를 보지 말라 내가 이미 그를 버렸노라 내가 보는 것은 사람과 같지 아니하니 사람은 외모를 보거니와 나 여호와는 중심을 보느니라 하시더라(삼상16:7)

7. 닭다리 - 예수님의 말씀이 생각난 베드로

베드로가 대답하여 이르되 모두 주를 버릴지라도 나는 결코 버리지 않겠나이다 예수께서 이르시되 내가 진실로 네게 이르노니 오늘 밤 닭 울기 전에 네가 세 번 나를 부인하리라(마26:33-34)

이에 베드로가 예수의 말씀에 닭 울기 전에 네가 세 번 나를 부인하리라 하심이 생각나서 밖에 나가서 심히 통곡하니라(마26:75)

닭다리 하면 무엇이 생각나나요? 보통은 통닭이 생각날 수 있겠지만 저는 베드로의 고백이 생각납니다.

예수님은 '모든 제자가 다 나를 버리리라.' 하셨지만 베드로는 '내가 주와 함께 죽을지언정 주를 부인하지 않겠나이다.'라고 고백했습니다.

그러나 '나는 그 사람을 알지 못합니다.'라고 말했습니다. 그것도 군인이나 폭도가 아닌 여종에게 말입니다. 예수님의 말씀에 '제가 부인하지 않도록 도와주세요.'라고 기도했다면 얼마나 좋았을까요? 무엇이든 장담하기보다는 하나님의 은혜를 구해야 되겠습니다.

8. 깨 - 깨어 있어 기도하라

베드로와 세베대의 두 아들을 데리고 가실새 고민하고 슬퍼하사 이에 말씀하시되 내 마음이 매우 고민하여 죽게 되었으니 너희는 여기 머물러 나와 함께 깨어 있으라 하시고(마26:37-38)

제자들에게 오사 그 자는 것을 보시고 베드로에게 말씀하시되 너희가 나와 함께 한 시간도 이렇게 깨어 있을 수 없더냐 시험에 들지 않게 깨어 기도하라 마음에는 원이로되 육신이 약하도다 하시고(마26:40-41)

예수님의 겟세마네 동산의 기도를 기억합니다.
　예수님은 인생에 중요한 기도를 하시기 위해 동산에 오르셨고 베드로와 야고보와 요한에게 내 마음이 매우 고민하여 죽게 되었으니 너희는 여기 머물러 '나와 함께 깨어 있으라'고 하셨습니다.
나와 함께 기도하자는 말씀입니다. 예수님은 하나님의 뜻에 자신을 깨뜨리는 기도가 있었으나 제자들은 예수님과 함께 기도하지 못했습니다. 잠들었기 때문입니다. 자는 제자들을 깨우셨습니다.
　'너희가 나와 함께 한 시간도 이렇게 깨어 있을 수 없더냐' 하시며 다시 기도히기를 원하셨시만 두 번째 기도를 하고 돌아오셨을 때 제자들은 자고 있었습니다. 그들을 두시고 세 번째 기도의 자리로 나가십니다. 베드로와 야고보, 요한에게 깨어 기도하라는 것은 예수님을 위한 기도가 아니라 그들 자신을 위한 기도였습니다.

예수님의 붙잡힘 앞에, 빌라도의 법정 앞에, 십자가의 죽음 앞에 흔들리지 말고, 도망치지 말고, 끝까지 믿음을 지키기 위해 깨어 기도하라는 주님의 사인이었습니다. 제자들은 그 시간에 기도에 깨어 있지 못하고 잠들었고, 예수님이 붙잡히실 때 모두 도망갔습니다. 우리에게 기도하라 하심은 나를 위하심입니다. 끝까지 믿음을 지키기 위해 기도하고, 내게 허락하신 그 길을 완주하기 위해 기도하고, 시험에 들지 않기 위해 기도해야 됩니다.

9. kisses - 가룟 유다의 입맞춤

예수를 파는 자가 그들에게 군호를 짜 이르되 내가 입맞추는 자가 그이니 그를 잡으라 한지라 곧 예수께 나아와 랍비여 안녕하시옵니까 하고 입을 맞추니 예수께서 이르시되 친구여 네가 무엇을 하려고 왔는지 행하라 하신대 이에 그들이 나아와 예수께 손을 대어 잡는지라(마26:48-50)

초콜릿처럼 달콤함 뒤에 독을 품은 입술이 있었습니다. 가룟 유다는 예수를 파는 자들과 함께 군호를 짜 맞췄습니다.
　새벽시간 제자들과 함께 있는 예수님의 얼굴을 알아볼 수 없으니 유다의 입맞춤을 통해 예수님이 누구인지 그들에게 표시했고, 제사장의 종들은 예수님을 결박했습니다. 존경과 사랑의 표현인 입맞춤이 배신과 결박의 표식이 되었습니다.

가룟 유다의 입맞춤이 아니라 예수님의 발 곁에 서서 눈물로 그 발을 적시며 머리털로 닦고 그 발에 입 맞추고 향유를 부은 여인의 입맞춤을 기억합니다.

10. 열라면 - 주님과 함께 라면

내가 너희에게 분부한 모든 것을 가르쳐 지키게 하라 볼지어다 내가 세상 끝날까지 너희와 항상 함께 있으리라 하시니라(마28:20)

라면에는 종류가 많이 있습니다. 이제는 판매가 중단된 라면들도 있고 날마다 새로운 라면들이 나오고 있습니다. 라면을 숫자로도 소개할 수 있습니다.

'일번지 라면, 이백냥, 삼양라면, 사발면, 오뚜기라면, 육개장, 칠보면, 팔도라면, 구운면, 열라면' 참 재미있습니다. 따라 해 보세요. '열라면' 열정. 열정이 있으면 무엇이든지 할 수 있습니다. 열정은 뜨거운 마음입니다. 열정은 나의 마음을 움직이게 합니다. 여러분들에게 소개할 라면이 있습니다.

'주님과 함께 라면' 주님과 함께라면 어디를 가도 두렵지 않습니다. 무슨 일을 만나도 션닐 수 있습니다. 우리에게는 주님과 함께 라면이 있다는 것을 기억하세요."

11. 콜라

- 우리가 터져 나오게 하기 위해서 때로 우리를 흔드신다

예수께서 깨어 바람을 꾸짖으시며 바다더러 이르시되 잠잠하라 고요하라 하시니 바람이 그치고 아주 잔잔하여지더라(막4:39)

예수님께서 제자들과 함께 배를 타고 건너편으로 가실 때 바다에 큰 풍랑이 일어났습니다. 얼마나 두려웠던지 제자들은 주무시는 예수님을 깨우며 "선생님이여 우리가 죽게 된 것을 돌보지 아니하십니까?"라고 했습니다. 예수님과 함께 타고 있는 배에도 풍랑이 칠 수 있습니다. 예수님과 함께 있다고 모든 것인 안전한 것은 아니었습니다. 그러나 이 풍랑으로 인하여 제자들에게 주시는 교훈이 있었습니다. 예수님은 풍랑과 파도도 잔잔하게 하실 수 있는 분이라는 것을 깨닫게 해주셨습니다. 콜라의 뚜껑을 열기 전, 콜라를 흔들었다가 열면 속에 있는 것들이 솟구쳐 오르게 됩니다.

하나님께서는 내 속에 있는 것들을 밖으로 꺼내시기 위해 때론 우리를 흔드십니다. 안전한 육지가 아니라 하나님의 도우심이 없이는 살 수 없는 바다에서 그 일을 행하십니다. 인생에 부는 바람들은 내 속에 있는 것들을 꺼내시기 위한 과정으로 깨닫습니다.

12. 키즈 - 나는 지저스 키즈(JESUS Kids)

아기가 자라며 강하여지고 지혜가 충만하며 하나님의 은혜가 그의 위에 있더라(눅2:40)

그 여인이 아들을 낳으매 그의 이름을 삼손이라 하니라 그 아이가 자라매 여호와께서 그에게 복을 주시더니 소라와 에스다올 사이 마하네단에서 여호와의 영이 그를 움직이기 시작하셨더라(삿13:24-25)

하나님께서 믿음의 가정을 통해 원하시는 것은 믿음의 자녀들이 자라는 것입니다. 하나님이 사람을 창조하시고 복을 주시며 약속하셨던 생육하고 번성하여 땅에 충만하라, 땅을 정복하라, 바다의 물고기와 하늘의 새와 땅에 움직이는 모든 생물을 다스리라(창1:28) 하심은 하나님을 경외하는 자들을 통해 세상이 통치되는 것을 기뻐하셨기 때문입니다. 우리는 누구의 키즈(kids)입니까? 꼭 기억하세요

'나는 지저스 키즈(Jesus kids)'

13. 예감 - 예수님 감사해요

예수께서 대답하여 이르시되 열 사람이 다 깨끗함을 받지 아니하였느냐 그 아홉은 어디 있느냐 이 이방인 외에는 하나님께 영광을 돌리러 돌아온 자가 없느냐 하시고 그에게 이르시되 일어나 가라 네 믿음이 너를 구원하였느니라 하시더라(눅17:17-19)

예수님께서 예루살렘으로 가시는 길에 나병환자 열 명이 예수님께 '우리를 불쌍히 여기소서.'라고 외쳤습니다. 예수님은 그들에게 '가서 제사장에게 너희 몸을 보이라.' 하셨고 그들이 가다가 모두 깨끗함을 받았습니다. 그러나 그중에 한 사람만 예수님께 돌아와 감사를 표현했습니다.

그때 하신 예수님의 말씀이 마음에 새겨집니다.

"일어나 가라 네 믿음이 너를 구원하였느니라."

감사할 줄 모르는 아홉 명은 나병으로부터 고침은 받았지만 죄 사함의 은혜는 입지 못했습니다. 돌아와 감사하며 하나님을 찬양했던 한 사람은 병 고침과 함께 죄 사함의 은혜도 입었습니다. 나는 감사하는 사람입니까? 나는 예수님께 무엇이 감사합니까? 감사를 표현해 보세요.

14. 석기시대 초코릿 '돌' - 이 돌들이 소리 지르리라

무리 중 어떤 바리새인들이 말하되 선생이여 당신의 제자들을 책망하소서 하거늘 대답하여 이르시되 내가 너희에게 말하노니 만일 이 사람들이 침묵하면 돌들이 소리 지르리라 하시니라(눅19:39-40)

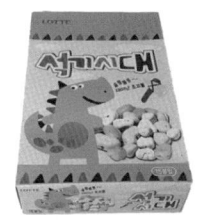

예수님께서 나귀 새끼를 타시고 예루살렘 성전으로 가실 때 온 무리들은 큰 소리로 하나님을 찬양했습니다.

찬송하리로다 주의 이름으로 오시는 왕이여 하늘에는 평화요 가장 높은 곳에는 영광이로다 하니 무리 중에 있던 바리새인들이 저들을 책망해 달라고 했습니다. 그때 예수님께서 바리새인들에게 하신 말씀입니다.

만일 이 사람들이 침묵하면 돌들이 소리 지르리라 하나님께서 원하시면 그 어떤 것으로도 말하게 하십니다. 발람이 하나님의 뜻을 따르지 않고 모압 고관들을 따라갈 때 여호와께서 나귀의 입을 열어 말하게 하셨습니다.

여호와의 사자가 칼을 빼들고 길에 선 것을 당나귀는 보았으나 발람은 보지 못했습니다. 하나님께서 하시지 못할 일들은 없습니다. 우리가 하나님을 찬양하지 않으면 돌들을 통해서라도 하나님의 이름을 높이게 하시는 분이십니다.

15. 나 - 나는 하나님의 자녀입니다

영접하는 자 곧 그 이름을 믿는 자들에게는 하나님의 자녀가 되는 권세를 주셨으니 이는 혈통으로나 육정으로나 사람의 뜻으로 나지 아니하고 오직 하나님께로부터 난 자들이니라(요1:12-13)

나는 누구일까요? 나는 하나님의 자녀입니다. 예수 그리스도를 믿기 전에는 하나님과 상관없는 자였을지라도 이제는 하나님의 자녀입니다. 안타까운 것은 한스 크리스티안 안데르센의 단편 동화에 나오는 '미운 오리 새끼'처럼 자신은 백조인데 미운 오리로 알고 있는 것처럼 우리들의 모습이 그러합니다. 우리가 땅에 살아도 하나님의 자녀요, 연약하고 아파도 하나님의 자녀로서의 권세가 있다는 사실을 잊지 말기를 바랍니다.

16. 포도주스 - 처음보다 더 좋게 하시는 하나님

예수께서 그들에게 이르시되 항아리에 물을 채우라 하신즉 아귀까지 채우니 이제는 떠서 연회장에게 갖다 주라 하시매 갖다 주었더니 연회장은 물로 된 포도주를 맛보고도 어디서 났는지 알지 못하되 물 떠온 하인들은 알더라 연회장이 신랑을 불러 말하되 사람마다 먼저 좋은 포도주를 내고 취한 후에 낮은 것을 내거늘 그대는 지금까지 좋은 포도주를 두었도다 하니라(요2:7-10)

바람과 바다도 주님의 말씀에 순종하듯 물도 주님의 말씀에 순종하여 포도주로 변했습니다. 세상을 말씀으로 창조하셨던 것처럼 물과 자연은 예수님의 말씀에 순종합니다. 예수님께서 혼인잔치에서 베풀어 주신 기적은 우리의 필요를 채우시는 주님이 아니라 물이 변하여 포도주 되듯, 죄인 된 인생을 의인으로 변화시켜 주시는 예수 그리스도의 사역을 나타낸 사건입니다. 물이 변하여 포도주 된 것이 처음 포도주 보다 더 좋았던 것처럼, 우리 주님께서 행하시는 모든 것들은 처음보다 더 좋게 하십니다.

17. 생수 - 내게로 와서 마시라

예수께서 대답하여 이르시되 이 물을 마시는 자마다 다시 목마르려니와 내가 주는 물을 마시는 자는 영원히 목마르지 아니하리니 내가 주는 물은 그 속에서 영생하도록 솟아나는 샘물이 되리라(요4:13-14)

우리 몸의 70%가 물로 구성되어 있다는 것을 알고 있습니다. 우리가 물을 많이 마셔야 되는 것도 그 이유 중 하나, 내 몸이 물을 필요로 하기 때문입니다. 광야의 길을 걸었던 이스라엘 백성들은 마시는 물이 없을 때 모세를 원망했고 하나님께서는 반석을 명하여 물을 내셨습니다. 인생의 물을 마시기 위해 우물가에 왔던 여인은 예수님을 만남으로 인생의 물이 아니라 영생의 물을 마시게 되었습니다.

인생의 물을 마시기 위해서는 날마다 우물가로 가야 했지만 영생의 물은 그 속에서 솟아나는 샘물이 되니 그리스도 안에서 날마다 충만합니다. 하루에 2리터의 물을 마셔야 된다는 아내의 말에 그러면 화장실을 자주 가야 된다고 했더니 아내가 한 말이 있습니다.
"병원에 자주 갈래요, 화장실에 자주 갈래요?"
화장실에 자주 가겠다고 했습니다. 예수님이 인생의 생수입니다.

18. 도시락 - 오병이어

여기 한 아이가 있어 보리떡 다섯 개와 물고기 두 마리를 가지고 있나이다 그러나 그것이 이 많은 사람에게 얼마나 되겠사옵나이까(요6:9)

예수께서 떡을 가져 축사하신 후에 앉아 있는 자들에게 나눠 주시고 물고기도 그렇게 그들의 원대로 주시니라(요6:11)

옹달샘 노래를 부르며 했던 이야기가 있습니다.
'깊은 산속 옹달샘 누가 와서 먹나요. 맑고 맑은 옹달샘 누가 와서 먹나요. 새벽에 토끼가 눈 비비고 일어나 세수하러 왔다가 물만 먹고 가요.'
옹달샘에 토끼가 세수하러 왔다가 물만 먹고 갔답니다. 교회에 예배드리러 왔다가 밥만 먹고 가는 사람들이 있습니다.
예수님을 따라온 자들에게 하나님의 나라의 일을 이야기하시며 병을 고쳐주셨고, 날이 저물어 가니 한 아이의 도시락으로 오천 명이 먹고도 남는 일을 행하셨습니다. 아버지의 집에서 먹고 마시는 것보다 중요한 것은 하나님의 말씀을 듣는 것임을 잊지 마세요.

19. 떡 - 생명의 떡 예수 그리스도

내가 곧 생명의 떡이니라 너희 조상들은 광야에서 만나를 먹었어도 죽었거니와 이는 하늘에서 내려오는 떡이니 사람으로 하여금 먹고 죽지 아니하게 하는 것이니라 나는 하늘에서 내려온 살아 있는 떡이니 사람이 이 떡을 먹으면 영생하리라 내가 줄 떡은 곧 세상의 생명을 위한 내 살이니라(요6:48-51)

이스라엘 백성들이 40년 동안 광야에서 먹었던 것은 '만나'입니다. 만나는 '이것이 무엇이냐'는 뜻으로 하나님의 백성들의 일용할 양식은 하늘에서 주신다는 뜻을 가지고 있습니다.

예수님께서 물고기 두 마리와 보리떡 다섯 개로 오천 명을 먹이고도 남게 하신 것을 우리는 기억합니다. 사람들은 예수님과 함께 있으면 먹고 배부를 수 있을 것이라 생각했습니다. 그러나 예수님의 관심은 육신의 양식이 아니었습니다. 예수님의 관심은 영혼의 양식이었습니다. 이 양식을 먹으라고 했을 때 사람들은 주님을 떠났습니다. 영혼의 양식에는 관심이 없었기 때문입니다. 제자들에게 말씀하십니다. 너희도 가려느냐 시몬 베드로가 대답했습니다.

주여 영생의 말씀이 주께 있사오니 우리가 누구에게로 가오리이까(요6:67-68). 우리는 육신의 양식을 먹으면서 영생의 양식은 하나님의 말씀이라는 사실을 기억해야 됩니다.

20. 자유시간 - 주님의 영광을 위해 사용되는 시간

예수께서 대답하시되 진실로 진실로 너희에게 이르노니 죄를 범하는 자마다 죄의 종이라(요8:34)

그리스도께서 우리를 자유롭게 하려고 자유를 주셨으니 그러므로 굳건하게 서서 다시는 종의 멍에를 메지 말라(갈5:1)

'종'이라는 말은 '노예'를 뜻합니다. 오늘날 노예라는 표현을 쓰지는 않지만 성경에는 노예에 대한 이야기가 있습니다. 노예는 부자들의 재산으로 가축처럼 시장에서 무리를 지어 팔렸습니다. 노예가 된다는 것은 자신에게는 권리가 없고 주인의 소유가 되었다는 뜻이 됩니다.

노예의 유일한 희망이 있다면 자유인이 되는 것인데 노예가 자유인이 되기 위해서는 누군가 그의 주인에게 큰 금액의 값을 지불함으로 자유를 사는 것입니다. 죄를 범하는 자는 죄의 종이 되는 것처럼 우리는 죄의 종이었습니다. 우리 스스로는 아무것도 할 수 없기에 예수 그리스도께서 값을 지불하고 우리를 사셨고 우리는 자유인이 되었습니다.

우리는 죄의 노예가 아니라 그리스도 안에서 자유인이 되었습니다. 이제 어떻게 살아야 될까요?

너희 몸은 너희가 하나님께로부터 받은 바 너희 가운데 계신 성령의 전인 줄을 알지 못하느냐 너희는 너희 자신의 것이 아니라 값으로 산 것이 되었으니 그런즉 너희 몸으로 하나님께 영광을 돌리라(고전6:19-20)

우리에게 허락하신 자유시간은 내일을 위해 준비하는 시간이고, 나의 부족한 것을 충전하는 시간입니다. 허락하신 시간들이 종의 종노릇하는 일에 사용되지 않기를 바랍니다.

21. 미녀는 석류를 좋아해

- 예수님은 무엇을 좋아할까요?

제자 중 하나로서 예수를 잡아 줄 가룟 유다가 말하되 이 향유를 어찌하여 삼백 데나리온에 팔아 가난한 자들에게 주지 아니하였느냐 하니 이렇게 말함은 가난한 자들을 생각함이 아니요 그는 도둑이라 돈궤를 맡고 거기 넣는 것을 훔쳐 감이러라(요12:4-6)

'미녀는 석류를 좋아해.'라는 CF가 국민적인 호응을 받았던 시절이 있었습니다. 사람들은 CF 노래 가사를 바꾸어 불렀습니다.
'선생님은 은선이를 사랑해,'
'우리는 예수님을 좋아해.'

그리스도인은 무엇을 좋아해야 할까요? 예수님 앞에 비싼 향유 옥합을 깨뜨린 마리아는 비싼 향유 옥합보다 예수님을 더 좋아했습니다. 아무리 비싼 것이라도 예수님보다 더 좋을 수 없었기에 아낌없이 예수님의 발에 부었습니다. 그러나 가룟 유다의 마음은 달랐습니다.

가난한 자들을 생각하는 듯했지만 그의 진짜 모습은 도둑이었습니다. 가룟 유다는 예수님이 아니라 돈을 좋아했습니다. 우리는 무엇을 좋아해야 할까요?

22. 붕어빵 - 아빠하고 나하고 닮은 곳이 있대요

새 계명을 너희에게 주노니 서로 사랑하라 내가 너희를 사랑한 것 같이 너희도 서로 사랑하라 너희가 서로 사랑하면 이로써 모든 사람이 너희가 내 제자인 줄 알리라(요13:34-35)

겨울철에 사랑받는 간식 붕어빵입니다. 철판 위에 올려진 기계를 통해 맛있는 붕어빵이 완성됩니다. 만들어진 붕어빵은 크기도 모양도 맛도 같습니다. 붕어빵은 똑같습니다. 유치원 어린이들이 부르는 노래가 있습니다. '아빠하고 나하고 닮은 곳이 있대요. 아빠하고 나하고 닮은 곳이 있대요. 눈 땡, 꼬 땡, 입 딩동댕' 이 노래를 부르며 울어보신 분 있습니까? 제가 울었습니다. 그것도 펑펑 울었습니다.

'아빠하고 나하고 닮은 곳이 있대요'라고 노래를 부르고 있는데 '하나님은 나의 아버지이신데 나 아빠하고 닮았나요? 나 아빠하고 마음 닮았나요?' 부끄러운 마음에 눈물만 흘렸습니다. 성도는 예수님을 닮아야 합니다. 우리가 서로 사랑하면 사람들이 우리가 예수님의 제자인 것을 알게 될 것입니다.

23. 포도송이 - 붙어 있으라

나는 참포도나무요 내 아버지는 농부라 무릇 내게 붙어 있어 열매를 맺지 아니하는 가지는 아버지께서 그것을 제거해 버리시고 무릇 열매를 맺는 가지는 더 열매를 맺게 하려 하여 그것을 깨끗하게 하시느니라(요15:1-2)

포도나무의 비유는 예수님과 우리들의 관계를 말씀하고 있습니다. 예수님은 포도나무가 되시고, 하나님은 포도원 농장의 주인이시며, 우리들은 포도나무에 붙어 있는 가지입니다. 하나님 아버지를 농부라 하셨으니 농부가 원하는 것이 무엇일까요?

열매입니다. 열매 없는 가지는 제거해 버리시고 열매를 맺는 가지는 더 열매를 맺게 하기 위해 깨끗하게 하십니다. 열매는 어떻게 맺을까요? 열매는 가지가 맺는 게 아닙니다. 가지의 역할은 포도나무에 붙어 있는 것입니다. 가지가 포도나무에 붙어있기만 하면 포도나무가 제공해 주는 것들을 통해 열매는 저절로 맺혀지는 것입니다. 예수님은 '참포도나무'이시니 병들거나 죽지 않고 환경에 영향을 받지도 않습니다.

포도나무의 가지는 포도나무에 붙어있을 때 자신의 존재가 인정됩니다. 가지가 아무리 크고 열매가 많아도 포도나무에서 떨어지는 순간 가지는 죽게 됩니다. 더 이상 열매를 맺을 수 없습니다.

우리는 그리스도와 연결되어 있습니다. 그리스도를 떠나서는 아무것도 할 수 없습니다. 잠시 살아있는 것 같으나 죽은 자와 같습니다. 가지가 포도나무에 붙어있어야 살 수 있는 것처럼 우리는 예수님께 붙어있어야 살 수 있습니다. 가지가 자랑해야 할 것이 있다면 자신이 아니라 포도나무라는 것을 기억하세요.

24. 생(生) - 아버지께로 와서 아버지께로 갑니다

내가 아버지에게서 나와 세상에 왔고 다시 세상을 떠나 아버지께로 가노라 하시니(요16:28)

생(生)은 삶, 인생, 인생살이들을 의미합니다. 한 사람의 생애는 참으로 귀한 것이지만 많은 사람들이 나는 어디에서 왔고 어디로 가는지 모르고 살아갑니다. 그런데 예수님은 내가 어디에서 왔고 어디로 가는지 분명하게 말씀해 주셨습니다. 내가 아버지에게서 나와 세상에 왔고 다시 세상을 떠나 아버지께로 가노라. 우리의 삶도 예수님과 같습니다. 우리도 우리를 지으신 하나님으로부터 세상에 왔고 인생에게 주어진 삶의 길을 마치면 아버지께로 돌아가야 됩니다. 하나님께서는 우리의 삶을 죽음으로 끝나지 않게 하시고 '영생'의 삶으로 인도하십니다. 안타까운 것은 영생의 삶이 아니라 '영벌'의 삶을 사는 자들도 있다는 것입니다. 그리스도 안에 있어야 영생의 삶을 살 수 있습니다. 한 번 주어진 삶은 죽음으로 끝나지 않습니다. 보냄을 받은 생(生)이 영생의 삶이 될 수 있기를 바랍니다. 인생의 시작과 끝은 하나님의 손에 있습니다. 우리는 두 번 태어납니다. 육신의 생명으로 태어나고 하나님의 자녀로 태어납니다.

25. 생선 한 마리 - 가장 좋은 것으로

육지에 올라보니 숯불이 있는데 그 위에 생선이 놓였고 떡도 있더라(요 21:9) 예수께서 가셔서 떡을 가져다가 그들에게 주시고 생선도 그와 같이 하시니라(요 21:13)

(생선 한 마리를 보여주면서)
시장에서 맛있는 생선 한 마리 샀습니다. 맛있게 구운 후 머리부터 꼬리까지 세 토막을 내어 접시에 담아 식탁에 올렸습니다.

가족들이 모여 앉았습니다. 부모님 먼저 드시라고 했습니다. 생선은 머리 부분과 가운데 가슴 부분 그리고 꼬리 부분으로 나누어져 있습니다. 이 중에 어느 곳을 부모님께 드려야 할까요?

부모님들이 자녀를 생각하여 머리나 꼬리 부분을 원할지라도 생선의 가운데 부분, 좋은 부위를 부모님께 드림이 맞습니다. 우리가 음식을 해도 부모님 먼저 드시기를 기다리고, 좋은 부위를 부모님께 드리는 것처럼, 내 인생의 가장 중요한 시간을 하나님께 드리세요. 이미 젊음의 시간이 지나고 인생의 늦은 때에 부르심을 받았다면 부름받은 이후에 가장 좋은 시기가 내 삶의 가장 좋은 때입니다.

예수님이 십자가에 돌아가시자 제자들 중 일부는 물고기 잡으러 갔습니다.

부활하신 예수님은 갈릴리 바닷가에 앉아 숯불을 피우고 생선을 굽고 계셨고 제자들에게 와서 조반을 먹으라고 하셨습니다.

  제자들은 당황스러웠지만 예수님이 준비해 주신 식탁에 모였습니다. 예수님께서 말씀하십니다.

  요한의 아들 시몬아 네가 이 사람들보다 나를 더 사랑하느냐

  주님을 사랑한다는 것은 내 삶의 가장 소중한 것들을 드리는 것입니다.

Chapter 1

과자로 전하는 복음

'구약의 교훈'

1. 무 - 無(없을 무)

태초에 하나님이 천지를 창조하시니라 땅이 혼돈하고 공허하며 흑암이 깊음 위에 있고 하나님의 영은 수면 위에 운행하시니라(창1:1-2)

시장에서 파는 '무'를 하나 샀습니다. 아이들에게 무를 보여주면서 따라 하게 했습니다. '무, 무, 없을 무' 아무것도 없습니다. '없을 무'란 아무것도 없다는 것을 의미합니다. 창세기 1장 1절을 보세요.

태초에 하나님이 천지를 창조하시니라 하나님께서는 아무것도 없는 공간에 하나님의 말씀으로 채우기 시작하셨습니다. 빛이 있으라 하시니 빛이 있었고, 궁창이 나뉘라 하시니 나누어졌고, 바다에는 물고기로, 땅에는 씨 맺는 채소와 열매 있는 나무들로, 하늘은 공중의 새들로 채우셨습니다. 아무것도 없는 세상을 하나님이 원하시는 것들로 채우셨습니다.

하나님께 감사한 것은 사람을 만드실 때 하나님의 형상대로 만드셨다는 것입니다. 하나님은 사람에게 창조의 능력을 주셨습니다. 사람들은 하나님이 주신 지혜로 높은 빌딩을 만들고, 큰 강을 건너는 긴 다리를 놓고, 하늘을 나는 비행기를 만듭니다. 이 모든 것들은 사람의 지혜가 아니라 하나님께서 우리에게 주신 창조의 능력입니다. 아무것도 없는 공간에 천지를 창조하신 하나님께서는 아무것도 없는 우리들을 통해 놀라운 일들을 행하고 계십니다.

"나에게는 아무것도 없을지라도 하나님에게는 모든 것이 있습니다." 솔로몬이 구했던 지혜를 구합니다.

2. 밤 - 밤도 주관하시는 하나님

하나님이 빛을 낮이라 부르시고 어둠을 밤이라 부르시니라 저녁이 되고 아침이 되니 이는 첫째 날이니라(창1:5)

하나님이 두 큰 광명체를 만드사 큰 광명체로 낮을 주관하게 하시고 작은 광명체로 밤을 주관하게 하시며(창1:16)

알면 재미있고 신비한 것들이 많은 세상입니다. 낮과 밤은 언제부터 불리게 되었을까요? 하나님께서 세상을 창조하신 첫째 날에 부르신 이름입니다.

빛은 낮이라 부르시고 어둠을 밤이라 부르시니라 하나님이 만드셨고 하나님이 그들의 이름을 지어 부르셨으니 낮과 밤도 하나님의 말씀에 순종합니다. 해로 낮을 주관하게 하시고, 달로 밤을 주관하게 하셨다는 것은 낮도 밤도 하나님이 주관하신다는 말씀입니다.

낮의 해가 너를 상하게 하지 아니하며 밤의 달도 너를 해치지 아니하리로다(시121:6)

매일매일 즐겁고 기쁜 일만 있진 않지만 즐거운 날도 슬픈 날도, 행복한 날도 힘겨운 날도 하나님이 지켜주세요. 우리들의 모든 날들은 하나님의 손에 있습니다.

3. 땅콩과자 - 땅에게 하나님이 명하십니다

하나님이 이르시되 땅은 풀과 씨 맺는 채소와 각기 종류대로 씨 가진 열매 맺는 나무를 내라 하시니 그대로 되어땅이 풀과 각기 종류대로 씨 맺는 채소와 각기 종류대로 씨 가진 열매 맺는 나무를 내니 하나님이 보시기에 좋았더라(창1:11-12)

하나님께서 천지를 창조하신 셋째 날에 바다와 땅을 나누시고 땅에게 명령하십니다.
"땅은 풀과 씨 맺는 채소와 각기 종류대로 씨 가진 열매 맺는 나무를 내라" 하니 그대로 되었습니다. 땅에서 자라는 모든 것들은 하나님께서 우리에게 허락하신 것들입니다. 땅도 하나님의 말씀을 듣습니다. 풀과 씨 맺는 채소와 씨 가진 열매들도 하나님의 말씀을 듣습니다. 우리도 하나님의 말씀을 들어야 됩니다. 말씀하신 그대로 되어야 합니다.

4. 달걀 - 닭이 먼저? 알이 먼저?

하나님이 이르시되 땅은 생물을 그 종류대로 내되 가축과 기는 것과 땅의 짐승을 종류대로 내라 하시니 그대로 되니라 하나님이 땅의 짐승을 그 종류대로, 가축을 그 종류대로, 땅에 기는 모든 것을 그 종류대로 만드시니 하나님이 보시기에 좋았더라(창1:24-25)

한 번쯤 고민해 보았을 문제입니다. '닭이 먼저냐? 알이 먼저냐?' 무엇이 먼저일까요? '아기가 먼저냐? 부모가 먼저냐?'하는 질문도 같습니다. 그리스도인은 진화론을 믿는 자들 앞에서 더 이상 고민할 필요가 없습니다. 하나님께서 선명하게 말씀하셨기 때문입니다. 하나님께서 세상을 창조하실 때 생물과 짐승, 가축들을 그 종류대로 만드셨습니다. 닭이 있으니 알이 있는 것이고, 부모가 있으니 아기가 있는 것입니다. 우리는 이것을 창조론이라고 합니다.

하나님을 경외하지 않는 자들의 어리석은 질문에 당황하지 마세요. 그들이 하나님이 없다 말하고, 창조가 아니라 진화되었다 말할지라도 하나님의 질서는 바뀌지 않습니다.

5. 맛동산 - 에덴동산

여호와 하나님이 동방의 에덴에 동산을 창설하시고 그 지으신 사람을 거기 두시니라 여호와 하나님이 그 땅에서 보기에 아름답고 먹기에 좋은 나무가 나게 하시니 동산 가운데에는 생명 나무와 선악을 알게 하는 나무도 있더라(창2:8-9)

퀴즈를 내겠습니다. 하나님께서 지으신 최초의 동산은 무슨 동산일까요? '맛동산입니다' 하나님이 창조하신 에덴동산은 맛동산이었습니다. 에덴동산에는 없는 것이 없었습니다. 온갖 먹을 것들이 풍부했고, 원하

는 것은 무엇이든 할 수 있는 그런 곳이었습니다. 정말 신나고 좋은 동산이었고 맛동산이었습니다. 그러나 하나님의 말씀에 불순종하고 죄를 지었을 때, 동산에서 쫓겨나게 되었고 그 맛을 잃어버렸습니다. 더 이상 그 아름다운 동산에 들어갈 수 없었어요. 죄는 하나님께서 허락하신 아름다운 것들을 잃어버리게 합니다. 그러나 또 하나의 동산이 우리를 기다리고 있습니다. 하나님의 동산, 바로 천국입니다. 맛동산과 비교할 수 없는 하나님의 나라. 우리는 그 나라를 기대하고 바라보며 살고 있는 백성입니다. '높은 산이 거친 들이 초막이나 궁궐이나 내 주 예수 모신 곳이 그 어디나 하늘나라'(찬송가 438장)

예수님이 계신 곳이 가장 아름다운 동산입니다.

6. 야채채움 - 내 영혼을 무엇으로 채우겠는가?

여호와 하나님이 아담을 깊이 잠들게 하시니 잠들매 그가 그 갈빗대 하나를 취하고 살로 대신 채우시고(창2:21)

여호와 하나님께서 사람이 혼자 사는 것이 좋지 아니하여 그를 위하여 돕는 배필을 지으실 때 있었던 일입니다. 아담을 깊이 잠들게 하시고 그의 갈빗대 하나를 취하여 살로 대신 채우시고 갈빗대로 여자를 만드셔서 서로 사랑하며 살게 하심으로 아담의 마음에 사랑을 채워

주셨습니다. 채움은 사랑입니다.

나의 하나님이 그리스도 예수 안에서 영광 가운데 그 풍성한 대로 너희 모든 쓸 것을 채우시리라(빌4:19).

하나님은 우리 영혼의 필요한 모든 것들을 채워주시는 분이십니다. 하나님의 사랑을 닮은 요셉은 형제들의 자루에 양식과 돈을 채워주었습니다(창44:1). 그러나 안타까운 것은 하나님의 사랑에서 떠난 자들은 하나님이 기뻐하지 않는 것들을 채우며 살아갑니다. 하나님께서 허락하신 부요함을 나누려 하기보다는 더 큰 창고를 지어 재물을 채웁니다. 집을 나간 탕자가 쥐엄 열매로 배를 채우고자 하되 주는 자가 없었다는 말씀은 우리를 슬프게 합니다(눅15:16). 예수님께서 혼인잔치집에서 말씀하셨습니다. 예수께서 그들에게 이르시되 항아리에 물을 채우라 하신즉 아귀까지 채우니 이제는 떠서 연회장에게 갖다주라 하십니다(요2:7-8). 채워야 할 것이 있다면 섬기고 나누기 위해서입니다.

7. 왕꿈틀이 - 에덴에 왕꿈틀이가 왔습니다

네가 선을 행하면 어찌 낯을 들지 못하겠느냐 선을 행하지 아니하면 죄가 문에 엎드려 있느니라 죄가 너를 원하나 너는 죄를 다스릴지니라(창4:7)

가인의 마음에는 분노가 꿈틀거렸고 결국 아벨에게 '들로 나가자'하여 쳐 죽였습니다. 그리스도인의 마음에는 꿈틀거림이 있어야 됩니다. 죄가 꿈틀거리는 것이 아니라, 하나님이 기뻐하시는 일을 하고 싶어서 견딜 수 없는 꿈틀이, 하나님의 꿈을 이루어드리고 싶은 왕꿈틀이가 되어야겠습니다.

8. 뿌셔뿌셔 - 죄는 뿌셔뿌셔

그런데 뱀은 여호와 하나님이 지으신 들짐승 중에 가장 간교하니라 뱀이 여자에게 물어 이르되 하나님이 참으로 너희에게 동산 모든 나무의 열매를 먹지 말라 하시더냐(창3:1)

악은 어떤 모양이라도 버리라(살전5:22)

우리는 '뿌셔뿌셔'라는 과자를 먹을 때 어떻게 먹나요? 완전히 부셔서 먹습니다. 뱀이 하와를 유혹했을 때 '안 돼'라고 거절했어야 했는데 그리 하지 못했습니다. 믿음의 사람들도 깨어있지 않으면 사탄의 유혹에 넘어질 수 있습니다.

우리는 하나님이 기뻐하시지 않는 것들로 유혹할 때 '뿌셔뿌셔' 죄가 내 문 앞에서 기다리고 있을 때 '뿌셔뿌셔' 내 안에 부서져야 될 것은 무엇이 있을까? '부서져야 하리, 부서져야 하리, 부서져야 하리, 더 많이 깨져야 하리'라는 찬양이 있습니다. 우리 안에 부서질 것은 부서지고 아름다운 그리스도의 형상을 세우기를 바랍니다.

9. ABC - 온 땅에 언어가 하나요

온 땅의 언어가 하나요 말이 하나였더라(창11:1)

여호와께서 이르시되 이 무리가 한 족속이요 언어도 하나이므로 이같이 시작하였으니 이 후로는 그 하고자 하는 일을 막을 수 없으리로다 자, 우리가 내려가서 거기서 그들의 언어를 혼잡하게 하여 그들이 서로 알아듣지 못하게 하자 하시고 여호와께서 거기서 그들을 온 지면에 흩으셨으므로 그들이 그 도시를 건설하기를 그쳤더라(창11:6-8)

온 땅에 언어는 하나였습니다. 하나였던 언어가 다양한 언어로 바뀌게 된 것은 하나님의 뜻대로 살고 싶지 않았던 사람들의 불순종에서 시작되었습니다. 하나님께서 혼자가 아니라 둘이 있게 하신 것은 견고하게 하시기 위함이었습니다. 한 사람이면 패하겠거니와 두 사람이면 맞설 수 있나니 세 겹 줄은 쉽게 끊어지지 아니하느니라(전4:12).

그런데 인원이 많아져 무리가 될 경우에는 달라집니다. 그 힘을 어디에 쓰느냐에 따라 힘의 방향이 달라지기 때문입니다. 자동차의 기어를 드라이브에 넣으면 앞으로 가지만, 후진 기어를 넣으면 같은 에너지를 뒤로 가는데 사용합니다.

'이 무리가 한 족속이요.' 항상 무리가 문제입니다. 혼자나 둘이 할 수 없는 것들도 무리가 모이면 무엇이든 할 수 있는 용기를 얻습니다. 믿음의 사람들은 모이면 모일수록 하나님의 선한 일에 힘을 모아야 됩니다.

힘의 중심이 우리가 원하는 것을 이루는 곳에 사용되지 않고 항상 하나
님이 기뻐하시는 곳을 향할 수 있도록 힘써야 됩니다.

10. 처음처럼 - 예수 그리스도처럼

그가 처음으로 제단을 쌓은 곳이라 그가 거기서 여호와의 이름을 불렀더
라(창13:4)

무엇이든 처음이 중요합니다. 처음이 기준이 되기 때문입니다. 아브람이 하나님의 인도하심을 따라 고향을 떠난 후 처음 제단을 쌓고 여호와의 이름을 부른 곳이 벧엘입니다. 벧엘은 앞으로도 그의 자녀들이 여호와의 제단을 쌓으며 여호와의 이름을 부르는 곳이 됩니다. 하나님께서는 이스라엘 백성들에게 처음 것은 하나님의 것으로 구별하라고 하셨습니다. 항상 하나님을 의식
하게 하시는 방법입니다.

그러나 마귀는 어떤가요? 마귀는 처음부터 범죄자였고, 처음부터 거짓말하는 자요, 교만한 자였습니다. 처음이 중요한 것은 그다음 발걸음이 처음과 연결되어 있기 때문입니다. 소주 '처음처럼'에 이름을 넣은 스티커를 보았습니다. '롯데처럼, LG처럼, 두산처럼, 삼성처럼, NC처럼, KT처럼, SK처럼, 넥센처럼' 소주를 아름다운 글로 표현함으로 사람들의 시선을 끌었네요. 믿음 생활도 처음이 중요합니다.

예수 그리스도를 인생의 첫 단추로 채우는 믿음의 사람이 되길 바랍니다. 우리는 예수 그리스도처럼

11. 별 따먹자 - 별과 같이 빛나리라

그를 이끌고 밖으로 나가 이르시되 하늘을 우러러 뭇별을 셀 수 있나 보라 또 그에게 이르시되 네 자손이 이와 같으리라(창15:5)

나 예수는 교회들을 위하여 내 사자를 보내어 이것들을 너희에게 증언하게 하였노라 나는 다윗의 뿌리요 자손이니 곧 광명한 새벽 별이라 하시더라(계22:16)

아브라함에게는 하늘의 별을 보며 하나님의 약속을 생각하게 하셨고, 다니엘을 통해서는 많은 사람을 옳은 데로 돌아오게 한 자는 별과 같이 영원토록 빛난다고 하셨고, 예수님은 세상을 비추는 광명한 새벽 별이라 하십니다.

하나님께서는 우리가 별이 되길 원하십니다. 하나님께서 주시는 지혜로 나의 주변을 밝히는 별, 동방에서 온 박사들을 예수님께 인도한 것은 사람들을 인도하는 별, 어두울수록 더욱 빛나는 하늘의 별처럼 세상이 어두워질수록 진리로 빛을 내는 그 별이 되어야 합니다.

12. 치즈 - 하나님이 나로 웃게 하시니

사라가 이르되 하나님이 나를 웃게 하시니 듣는 자가 다 나와 함께 웃으리로다 또 이르되 사라가 자식들을 젖먹이겠다고 누가 아브라함에게 말하였으리요마는 아브라함의 노경에 내가 아들을 낳았도다(창21:6-7)

사진을 찍을 때 한 번쯤 해봤을 '치즈~ 김치~'입니다. 같이 해볼까요? '치즈~ 김치~'(인증샷).

기뻐서 웃을 때는 자연스러운 웃음이 나오는데 기쁜 일도 없는데 웃으라고 하면 어색한 웃음이 나옵니다. 아브라함의 가정에 하나님이 웃게 하신 일이 있었습니다. 평생 자녀를 낳기 원했지만 가질 수 없었고, 더 이상 아기를 가질 수 없는 나이가 되었을 때 하나님이 허락하셨으니 웃음꽃이 피었습니다. '치즈~ 김치~'는 내가 웃는 것이 아니라 하나님께서 웃게 하신 것입니다. 우리를 향한 하나님의 사랑이 우리를 웃게 합니다.

하나님은 우리를 웃게 하시는데 우리가 하나님을 웃게 해드릴 수는 없을까요? 있습니다. 잃어버린 영혼을 찾을 때 하나님이 기뻐하시고, 잃어버린 영혼들이 돌아올 때 웃으십니다.

이 네 동생은 죽었다가 살아났으며 내가 잃었다가 얻었기로 우리가 즐거워하고 기뻐하는 것이 마땅하다 하니라(눅15:32).

하나님을 많이 웃게 해드리고 싶습니다.

13. 참이슬 - 우리는 참이슬이 아니라 새벽이슬을 마십니다

하나님은 하늘의 이슬과 땅의 기름짐이며 풍성한 곡식과 포도주를 네게 주시기를 원하노라(창27:28)

주의 권능의 날에 주의 백성이 거룩한 옷을 입고 즐거이 헌신하니 새벽이슬 같은 주의 청년들이 주께 나오는도다(시110:3)

하늘의 이슬은 비와 더불어 농작물을 자라게 합니다. 이슬이 하늘로부터 내려오니 하나님의 은혜로 표현하기도 합니다. 이슬은 은혜의 표현이요, 깨끗함의 표현인데 하늘의 이슬과 새벽이슬이 아닌 다른 이슬에 빠져 살아가는 주의 청년들이 있습니다.

어느 이슬을 먹고 살아야 하는지 결정할 수 있기를 바랍니다. 좌우로 흔들리며 살아가는 참이슬이 아니라 하나님의 은혜를 입고 거룩하게 살아가는 새벽이슬의 사람들이 되기를 바랍니다.

14. 강철 부대 건빵 - 마하나임(하나님의 군대)

야곱이 길을 가는데 하나님의 사자들이 그를 만난지라 야곱이 그들을 볼 때에 이르기를 이는 하나님의 군대라 하고 그 땅 이름을 마하나임이라 하였더라(창32:1-2)

야곱은 라반의 집을 떠나 에서를 만나러 가는 길에 하나님의 사자들을 만났습니다. 야곱을 그들을 하나님의 군대라 하였고, 그 땅의 이름을 마하나임이라 불렀습니다. 새로운 출발을 위한 길과 형을 만나야 하는 두려움이 있는 그때에 하나님은 야곱에게 하나님의 군대가 너와 함께 하고 있다는 것을 확인시켜주셨습니다.

하나님의 군대와 함께 하는 야곱의 발걸음은 얼마나 힘이 생겼을까요? 예수님께서 잡히시던 날 베드로가 칼을 들었을 때 하신 말씀은 "너는 내가 내 아버지께 구하여 지금 열두 군단 더 되는 천사를 보내시게 할 수 없는 줄로 아느냐"라고 하셨습니다. 열두 군사가 아닙니다. 열두 군단입니다. 엄청나게 많은 하나님의 군대가 있다는 것을 확인시켜 주신 것입니다.

'강철 부대'라는 TV프로그램이 인기를 끌었고 그 이후에는 강철 부대 건빵까지 나왔네요. 세상의 모든 강한 부대도 하나님의 군대를 이길 수 없습니다. 하나님의 군대야말로 강철 부대입니다.

15. 천하장사 - 기도의 천하장사

야곱은 홀로 남았더니 어떤 사람이 날이 새도록 야곱과 씨름하다가 자기가 야곱을 이기지 못함을 보고 그가 야곱의 허벅지 관절을 치매 야곱의 허벅지 관절이 그 사람과 씨름할 때에 어긋났더라 그가 이르되 날이 새려하니 나로 가게 하라 야곱이 이르되 당신이 내게 축복하지 아니하면 가게 하지 아니하겠나이다(창32:24-26)

성경에서 힘이 가장 센 사람을 뽑는다면 삼손을 들 수 있습니다. 여우 삼백 마리를 잡았고, 나귀의 새 턱뼈로 천 명을 죽이기도 했고, 마지막에는 집을 버티고 있는 두 기둥을 무너뜨려 그 집에 모여 있는 블레셋 사람들과 함께 죽었습니다. 삼손은 사사 시대에 천하장사였습니다. 또 다른 천하장사가 있습니다.

그는 힘의 천하장사가 아닌 기도의 천하장사였습니다. 바로 야곱입니다. 그는 천사와 씨름을 했던 사람이었으니까요. 날이 새도록 씨름을 했고, 허벅지 관절이 어긋났음에도 그 손을 놓지 않았습니다. 기도의 천하장사, 믿음의 천하장사가 되세요.

16. 사과 - 나의 사과를 받아줘

세겜도 디나의 아버지와 그의 남자 형제들에게 이르되 나로 너희에게 은혜를 입게 하라 너희가 내게 말하는 것은 내가 다 주리니 이 소녀만 내게 주어 아내가 되게 하라 아무리 큰 혼수와 예물을 청할지라도 너희가 내게 말한 대로 주리라(창34:11-12)

　　　　　　　　히위 족속 하몰의 아들 세겜이 야곱의 딸 디나를 강간하여 욕보인 후 내가 소녀를 사랑하니 아내로 달라고 합니다, 이 소녀를 내게 주어 아내가 되게 한다면 아무리 큰 혼수와 예물이라도 주겠다면 제안을 했습니다. 야곱의 아들들은 그들에게 세겜의 남자들이 할례를 하면 동생을 아내로 주겠다고 제안한 후 할례를 하고 힘들어하는 셋째 날에 시므온과 레위가 칼로 남자들을 다 죽이고, 야곱의 아들들은 그들의 아내와 종과 재산을 빼앗아 왔습니다.

　사과할 줄 모르는 사람들이 많습니다. 사과를 받을 줄 모르는 사람도 있습니다. 사과 없는 문제의 결과는 복수였고 그것은 하나님의 원하시는 방법이 아니었습니다. 사과는 잘못한 사람이 미안한 사람에게 하는 것이 맞고, 하나님 앞에서도 자신의 죄를 회개하는 것이 맞습니다. 사과는 입으로만 하면 안 되고 문제의 크기에 따라 배상도 해야 됩니다. 배상 없는 사과는 온전한 사과가 아닙니다. 구약의 율법에 배상의 법이 있다는 것을 기억하세요.

삭개오가 서서 주께 여짜오되 주여 보시옵소서 내 소유의 절반을 가난한 자들에게 주겠사오며 만일 누구의 것을 속여 빼앗은 일이 있으면 네 갑절이나 갚겠나이다(눅19:8)

사과는 용서를 구함으로 시작되고 배상함으로 위로가 될 수 있습니다. 사과를 하는 법도 사과를 받는 법도 하나님의 방법대로 해야 됨을 깨닫습니다.

17. 오 예스 - 오~예스

요셉이 꿈을 꾸고 자기 형들에게 말하매 그들이 그를 더욱 미워하였더라 (창37:5)

요셉의 꿈은 형들에게 미움이 됩니다. 형들은 그의 꿈이 어떻게 되는지를 우리가 볼 것이니라(창37:20) 하며 애굽에 종으로 팔았지만 하나님께서는 요셉조차 상상하지 못했던 자리에 이르게 하셨습니다. 요셉의 꿈은 개인의 성공이나 성취가 아니라 하나님의 뜻을 이루기 위한 과정으로, 요셉을 사용하셨습니다.

요셉의 꿈은 요셉이 이룬 것이 아니라 하나님께서 자신의 뜻을 위하여 이루게 하신 것입니다. 믿음의 사람들의 꿈 이야기에 '오~예스'하며 엄지손가락을 세우면 얼마나 좋을까요? 우리 같이 해봐요 '오~예스' 서로의 꿈을 격려하는 자가 되면 좋겠습니다.

18. 누네띠네

- 사람 눈에 띄는 사람 아니라 하나님 눈에 띄는 사람 되세요

여호와께서 요셉과 함께 하시므로 그가 형통한 자가 되어 그의 주인 애굽 사람의 집에 있으니 그의 주인이 여호와께서 그와 함께 하심을 보며 또 여호와께서 그의 범사에 형통하게 하심을 보았더라(창39:2-3)

우리 주변에 보면 눈에 띄는 사람들이 있습니다. 키가 커서 눈에 띄고, 예뻐서 눈에 띄고, 공부를 잘해서 눈에 띄고, 여러분은 어떤 일로 눈에 띄나요? 나는 누구의 눈에 띄나요?

요셉은 주인의 눈에 띄어 주인의 소유를 관리하는 자가 되었고, 옥에 갇히게 되었을 때는 간수장의 눈에 띄었고, 바로의 꿈을 해석함으로 바로의 눈에 띄었습니다.

요셉은 사람 눈에도 띄었지만 그는 하나님 눈에 띄는 믿음의 사람이었습니다. 사람의 눈에 띄는 사람은 잠시 동안 도움을 받을 수 있지만 하나님의 눈에 띄는 사람은 하나님이 책임져주십니다.

19. 곡물 그대로 21 - 온갖 귀한 선물 주님이 주신 것

그들로 장차 올 풍년의 모든 곡물을 거두고 그 곡물을 바로의 손에 돌려 양식을 위하여 각 성읍에 쌓아 두게 하소서(창41:35)

이스라엘 자손에게 말하여 이르라 너희는 내가 너희에게 주는 땅에 들어가서 너희의 곡물을 거둘 때에 너희의 곡물의 첫 이삭 한 단을 제사장에게로 가져갈 것이요(레23:10)

찬송가 591장 3절 가사의 내용입니다.

씨 뿌려 거둔 곡식 주님의 은혜라 우리의 몸과 마음 새 힘이 넘치네.
주 은혜받은 우리 참 감사하면서 이 예물 드리오니 다 받아주소서.
온갖 귀한 선물 주님이 주신 것 그 풍성하신 은혜를 다 감사드리세.

하나님께서는 바로의 꿈을 통해 앞으로 그 땅에 행하실 일들을 보게 하셨고 요셉을 통해 그 꿈을 해석하게 하셨습니다.

7년 동안 있는 풍년은 하나님께서 사람들을 돌보시는 은혜의 표시였습니다. 우리의 모든 일용할 양식을 감사함으로 받아야 되는 이유입니다. 하나님께서는 이 모든 것이 위로부터 우리에게 주어진 것임을 기억하게 하시기 위해 '곡물의 첫 이삭'을 하나님께 드리라 하셨습니다. 우리들의 일용할 양식을 하나님께서 허락해 주시는 것이라는 사실을 잊지 말아야 되겠습니다.

너희 땅의 곡물을 벨 때에 밭 모퉁이까지 다 베지 말며 떨어진 것을 줍지 말고 그것을 가난한 자와 거류민을 위하여 남겨두라 나는 너희의 하나님 여호와이니라(레23:22)

우리에게 허락하신 곡물을 가난한 자와 나그네를 위해 남겨두고 나눠주는 것은 하나님의 마음을 닮은 것입니다.

20. 엄마손 - 하나님의 강한 손

여호와께서 모세에게 이르시되 이제 내가 바로에게 하는 일을 네가 보리라 강한 손으로 말미암아 바로가 그들을 보내리라 강한 손으로 말미암아 바로가 그들을 그의 땅에서 쫓아내리라(출6:1)

이스라엘 백성들의 430년의 노예생활을 끝내신 하나님께서는 열 재앙을 통해 그들을 애굽에서 나오게 하신 후 홍해를 건너 광야를 지나게 하셨습니다. 40년 광야생활 동안 구름과 불기둥으로 그들을 보호하신 하나님께서는 마침내 가나안 땅에 이르게 하셨습니다. 그 놀라운 역사의 이야기를 모세를 통해 성경에 기록해 놓으셨습니다.

강한 손과 펴신 팔로 인도하여 내신 이에게 감사하라 그 인자하심이 영원함이로다(시136:12).

하나님의 손은 어떤 손일까요? 강한 손입니다. 하나님의 손은 약해지지 않습니다. 하나님의 손은 짧지도 않습니다.

내가 새벽 날개를 치며 바다 끝에 가서 거주할지라도 거기서도 주의 손이 나를 인도하시며 주의 오른손이 나를 붙드시리이다(시139:9-10).

강한 손, 그 능력의 손으로 오늘도 나를 붙들고 계십니다.

21. 정육점 - 희생제사

그는 여호와 앞에서 그 수송아지를 잡을 것이요 아론의 자손 제사장들은 그 피를 가져다가 회막 문 앞 제단 사방에 뿌릴 것이며 그는 또 그 번제물의 가죽을 벗기고 각을 뜰 것이요(레1:5-6)

이는 번제와 소제와 속죄제와 속건제와 위임식과 화목제의 규례라(레7:37)

하나님께서 기쁘게 받으시는 향기로운 제물에는 소와 양, 가축들의 죽음이 있습니다. 희생 제사의 종류에 따라 드리는 방법에 조금의 차이는 있지만 희생 제사를 통해 우리는 죄 사함의 은혜를 입고, 헌신과 충성을 다짐하며 하나님과 이웃과 화목하게 됩니다.

수송아지를 번제로 드릴 경우 피를 제단 사방에 뿌리고, 가죽을 벗기고 각을 뜨고, 내장과 정강이를 물로 씻은 후 불살라 드립니다. 번제를 통해 자신을 온전히 하나님께 드리는 예배의 모습을 보게 됩니다.

정육점을 지나는 길에 소 한 마리를 해체하여 부위별로 나누어 놓은 진열대를 봅니다. 어느 것 하나 버릴 것 없고 아낌없이 남김없이 해체되어 사람들의 먹거리가 됩니다. 그렇게 진열된 소 한 마리의 모습에서 희생 제사의 의미를 생각합니다. 하나님 앞에 이렇게 드려지는 삶이 가장 복되고 행복한 삶이라는 것을 깨닫습니다.

22. 가나초콜릿 - 가나안, 나가

여호와께서 우리를 기뻐하시면 우리를 그 땅으로 인도하여 들이시고 그 땅을 우리에게 주시리라 이는 과연 젖과 꿀이 흐르는 땅이니라 다만 여호와를 거역하지는 말라 또 그 땅 백성을 두려워하지 말라 그들은 우리의 먹이라 그들의 보호자는 그들에게서 떠났고 여호와는 우리와 함께 하시느니라 그들을 두려워하지 말라(민14:8-9)

이스라엘 백성들이 애굽에서 나와 광야를 통과하여 간 곳은 어디일까요? 그래요, 가나안입니다. 그런데 '가나'를 거꾸로 읽어보세요. '나가' 이스라엘 백성들은 하나님의 약속을 따라 가나안으로 가야 되는데 가나안 땅을 정탐하고 온 후, 가나안으로 '가나 안가나, 가나 안가나' 갈등하며 고민하다가 광야로 돌아갔어요. 그들이 못 들어간 것이 아니라 백성들의 불순종으로 하나님이 '나가'라고 하신 거예요. 우리는 하나님이 말씀하시면 가야 해요. 어디로 갈까요? "가나안으로"

예수님의 혼인잔치 비유에서 초대를 받아 왔으나 예복을 입지 않은 자를 '나가'라고 하신 것도 기억합니다.

23. 질러 육포 - 크게 소리 질러 외치다

이에 백성은 외치고 제사장들은 나팔을 불매 백성이 나팔 소리를 들을 때에 크게 소리 질러 외치니 성벽이 무너져 내린지라 백성이 각기 앞으로 나아가 그 성에 들어가서 그 성을 점령하고 그 성 안에 있는 모든 것을 온전히 바치되 남녀 노소와 소와 양과 나귀를 칼날로 멸하니라(수6:20-21)

여리고는 굳게 닫혔고 출입하는 자가 없을 때 이스라엘의 모든 군사는 성을 매일 한 번씩 돌았습니다. 성을 도는 동안에는 외치지 말고 그들의 음성도 들리게 하지 말고 아무 말도 하지 말라 하셨습니다. 일곱째 날에는 그 성을 일곱 번 돌았고 제사장들이 나팔을 불 때 백성들이 크게 소리 질러 외치니 성벽이 무너져 내렸습니다.

우리는 침묵할 때가 있고 외쳐야 할 때가 있습니다. 여리고 성을 도는 동안에는 침묵하게 하심으로 불평이나 의심, 원망하는 일들이 없게 하셨고 외치라 하셨을 때 외침으로 하나님의 역사를 보게 하셨습니다. 하나님이 말씀하실 때, 하나님을 찬양할 때, 하나님을 향하여 부르짖을 때 '질~~~러.'

24. 짬뽕라면 -오직 나와 내 집은 여호와를 섬기겠노라

그러므로 이제는 여호와를 경외하며 온전함과 진실함으로 그를 섬기라 너희의 조상들이 강 저쪽과 애굽에서 섬기던 신들을 치워 버리고 여호와만 섬기라 만일 여호와를 섬기는 것이 너희에게 좋지 않게 보이거든 너희 조상들이 강 저쪽에서 섬기던 신들이든지 또는 너희가 거주하는 땅에 있는 아모리 족속의 신들이든지 너희가 섬길 자를 오늘 택하라 오직 나와 내 집은 여호와를 섬기겠노라 하니(수24:14-15)

제일 계명은 너는 나 외에는 다른 신들을 네게 두지 말라(출20:3) 입니다. 그러나 금송아지를 시작으로 많은 우상숭배가 이스라엘 땅에 있었습니다.

애굽에 노예로 있을 때는 애굽의 신들을 보았고, 광야에서는 모압과 이방인들의 신을 보았으며, 가나안에 들어가서는 바알과 아세라 신을 보았습니다.

이스라엘 백성들은 우리가 섬기는 하나님이 얼마나 위대하고 강하신 분인지 모르고 자꾸 다른 신들을 섬기기 위해 기웃거렸습니다. 하나님은 하나님과 이방 신을 함께 섬기는 것을 용납하지 않으시고, 하나님과 재물을 겸하여 섬길 수 없다고 하셨습니다. 짬뽕은 안 됩니다. 오늘 섬길 자를 선택하세요. 여호수아와 같이 나와 내 집은 여호와만 섬길 것입니다.

25. 조기 - 조기교육

엘리의 아들들은 행실이 나빠 여호와를 알지 못하더라(삼상2:12)

아이 사무엘이 점점 자라매 여호와와 사람들에게 은총을 더욱 받더라(삼상2:26)

(생선 조기 한 마리 들고 설명합니다)
'조기, 조기, 조기교육'
세상이 온통 조기교육 열풍입니다. 영아의 아이들에게 영어 엘리트 교육을 시키는 것은 기본이고, 유치원과 학교생활만으로는 부족함을 느껴 사교육 시작합니다. 영어 조기교육, 수학 조기교육은 기본이고 스포츠 조기교육, 해외 유학도 조기에 보냅니다.

다른 아이들보다 빠르게, 더 많이, 더 높이, 더 멀리 가게 하고 싶은 마음을 이해하지 못하는 것은 아니지만 지나친 시기와 때가 즐거운 인생을 힘겹게 합니다.

그리스도인의 가정도 그와 다르지 않습니다. 삶의 중심이 하나님이 아니라 온통 세상에 있습니다. 조기교육이 나쁜 것만은 아니지만 하나님을 경외하며 그 길을 걷는 조기교육은 없고 공부하고 건강한 조기교육만 있습니다. 하나님 없는 조기교육의 모습을 주일학교가 없는 교회의 모습을 통해서 보게 됩니다. 엘리는 제사장이지만 하나님이 주신 직분을 충실하게 감당하지 못했고, 자녀를 잘 양육하지 못하여 하나님의 기쁨이 되지 못했습니다.

엘리의 아들들은 행실이 나빠 여호와를 알지 못했습니다. 엘리의 아들들과 다르게 사무엘은 여호와의 전에서 자라면서 하나님과 사람들에게 은총을 받습니다. 믿음에도 조기교육이 필요합니다. 조기교육을 해야 한다면 믿음과 삶의 균형을 맞추세요. 삶이 없는 믿음은 맛을 내지 못하는 그리스도인이 되게 하고, 신앙 없는 성공은 주님 없는 삶이 되게 합니다.

26. 김가루 - 그 통에 가루가 떨어지지 아니하고

그가 이르되 당신의 하나님 여호와께서 살아 계심을 두고 맹세하노니 나는 떡이 없고 다만 통에 가루 한 움큼과 병에 기름 조금 뿐이라 내가 나뭇가지 둘을 주워다가 나와 내 아들을 위하여 음식을 만들어 먹고 그 후에는 죽으리라(왕상17:12)

하나님께서는 엘리야를 시돈에 속한 사르밧으로 가서 머물라 하셨고 그곳에 있는 과부를 통해 음식을 제공받게 하셨습니다. 그런데 이 과부는 부요한 사람이 아니었습니다. 기근의 때에 더 이상 먹을 것이 없어서 통에 가루 한 움큼과 병에 기름 조금인 것으로 마지막 식사를 하고 그 후에는 죽으려고 결심했던 여인이었습니다.

엘리야가 말합니다. 두려워하지 말고 가서 네 말대로 하려니와 먼저 그것으로 나를 위하여 작은 떡 한 개를 만들어 내게로 가져오고 그 후에 너와 네 아들을 위하여 만들라 어떻게 되었을까요?

여호와께서 엘리야를 통하여 하신 말씀같이 통의 가루가 떨어지지 아니하고 병의 기름이 없어지지 아니하니라(17:16) 하나님께서는 과부를 돌보셨고 기근의 때를 이기게 하셨습니다. 하나님의 말씀이 분명하다면 말도 안 되는 순간일지라도 순종하며 살아요.

27. 올리고 당 - 올리고

여호와께서 회오리 바람으로 엘리야를 하늘로 올리고자 하실 때에 엘리야가 엘리사와 더불어 길갈에서 나가더니(왕하2:1)

두 사람이 길을 가며 말하더니 불수레와 불말들이 두 사람을 갈라놓고 엘리야가 회오리 바람으로 하늘로 올라가더라(왕하2:11)

죽음을 보지 않고 하나님께로 올라간 믿음의 사람이 있습니다. 에녹입니다.

에녹은 하나님과 동행하더니 하나님이 그를 데려가시므로 세상에 있지 아니하였더라(창5:24)

아담 이후 세상에 죽음이 시작되었을 때, 에녹을 데려가시므로 영생의 삶이 있다는 것을 그들에게 보여 주셨습니다. 또 한 사람은 엘리야입니다. 엘리야는 하나님의 사람으로 바알을 신으로 섬기는 자들 앞에서 하나님의 영광을 나타낸 선지자였습니다. 엘리야를 회오리바람을 통해 하늘로 올라가게 하셨습니다. 믿음을 지키며 사는 자들에게 일어날 일들을 미리 보게 하신 것입니다. 부활하신 예수님께서 하늘로 올라가셨습니다.

주 예수께서 말씀을 마치신 후에 하늘로 올려지사 하나님 우편에 앉으시니라(막16:19). 기대하세요. 우리에게도 그런 일이 일어날 것입니다.

그 후에 우리 살아남은 자들도 그들과 함께 구름 속으로 끌어올려 공중에서 주를 영접하게 하시리니 그리하여 우리가 항상 주와 함께 있으리라 (살전4:17).

28. 기름 - 기름이 아니라 그릇입니다

엘리사가 그에게 이르되 내가 너를 위하여 어떻게 하랴 네 집에 무엇이 있는지 내게 말하라 그가 이르되 계집종의 집에 기름 한 그릇 외에는 아무 것도 없나이다 하니 이르되 너는 밖에 나가서 모든 이웃에게 그릇을 빌리라 빈 그릇을 빌리되 조금 빌리지 말고 너는 네 두 아들과 함께 들어가서 문을 닫고 그 모든 그릇에 기름을 부어서 차는 대로 옮겨 놓으라 하니라(왕하 4:2-4).

엘리사가 선지자의 제자들의 아내 중 한 여인의 어려움을 해결해 주기 위해 빈 그릇을 빌리되 조금 빌리지 말고, 빌려온 모든 그릇에 기름을 부어서 차는 대로 옮겨 놓으라 했습니다. 여인은 두 아들과 함께 문을 닫은 후 그릇을 그에게로 가져오고 그는 부었더니 그릇에 다 차게 되었습니다. 여인이 아들에게 또 그릇을 내게로 가져오라 하니 아들이 다른 그릇이 없나이다 하니 기름이 곧 그쳤습니다(왕하4:6).

　기름이 먼저 그친 것이 아니라 그릇이 먼저 떨어졌습니다. 기름을 받을 만한 그릇이 있었다면 기름은 계속되었을 것입니다. 우리에게 주시는 하나님의 은혜와 복도 마찬가지입니다. 내 속에 하나님의 은혜와 복을 사모하는 마음이 있는 한 은혜의 기름은 한없이 흘러내릴 것이며 멈추지 않을 것입니다. 하나님의 은혜와 복이 먼저 끊어지는 법은 없기 때문입니다. 시편 81:10에서 네 입을 넓게 열라 내가 채우리라 하셨습니다. 하나님은 얼마든지 채워주실 수 있는 분이십니다. 에베소서 3:20에서는 우리 가운데서 역사하시는 능력대로 우리가 구하거나 생각하는 모든 것에 더 넘치도록 능히 하실 이라고 말씀하셨습니다. 하나님에게는 부족함이 없습니다. 문제는 은혜를 부어주시는 하나님께 있지 않습니다. 내게 그릇이 준비되어 있다면 하나님이 부어주시는 기름이 먼저 끝나는 일은 없을 것입니다. '기름이 아니라 그릇입니다.'

29. 아이셔 - 솥에 죽음의 독이 있나이다

　이에 퍼다가 무리에게 주어 먹게 하였더니 무리가 국을 먹다가 그들이 외쳐 이르되 하나님의 사람이여 솥에 죽음의 독이 있나이다 하고 능히 먹지 못하는지라 엘리사가 이르되 그러면 가루를 가져오라 하여 솥에 던지고 이르되 퍼다가 무리에게 주어 먹게 하라 하매 이에 솥 가운데 독이 없어지니라(왕하4:40-41)

엘리사의 예언자 학교에서 있었던 일입니다. 흉년의 때라 먹을 것이 없을 때 한 사람이 나물을 캐려고 들에 나갔다가 들포도덩굴을 발견하고는 그것이 무엇인지도 잘 모르는 채로 국솥에 썰어 넣었습니다.

각자 국을 떠다 먹으려고 맛을 보다가 그 솥에 사람을 죽게 하는 독이 들어 있는 것을 발견했습니다. 엘리사가 밀가루를 가져오라 하여 그 가루를 솥에 뿌린 뒤에 먹으라 하니 정말로 솥 안에는 독이 전혀 없었습니다. 가난한 시절 그들을 돌보시는 하나님의 방법이었습니다.

'아이셔' 처음에 그 맛을 보고 깜짝 놀랐습니다. 두 눈을 감고 먹어야 했지요. 예수님께서 말씀하셨습니다.

뱀을 집어올리며 무슨 독을 마실지라도 해를 받지 아니하며 병든 사람에게 손을 얹은즉 나으리라 하시더라(막16:18). 무엇이든 감사함으로 받고, 무엇이든 감사함으로 먹고, 무엇이든 감사함으로 살아요.

30. 매일우유 - 매일 주님과 함께

솔로몬이 또 그의 아버지 다윗의 규례를 따라 제사장들의 반열을 정하여 섬기게 하고 레위 사람들에게도 그 직분을 맡겨 매일의 일과대로 찬송하며 제사장들 앞에서 수종들게 하며 또 문지기들에게 그 반열을 따라 각 문을 지키게 하였으니 이는 하나님의 사람 다윗이 전에 이렇게 명령하였음이라 (대하8:14)

나의 삶에 하루도 빼놓지 않고 하는 것은 무엇들이 있을까요? 매일 해야 하는 것이나, 매일의 습관도 좋습니다. 솔로몬은 왕이 된 후 레위 사람들에게 매일 일과대로 하나님을 찬양하게 했고, 다니엘은 하루에 세 번씩 예루살렘을 향해 기도했습니다. 나의 매일의 습관 속에 내 몸과 나의 필요를 위한 것들만 있는 것이 아니라 나를 사랑하시고 나와 함께 하시는 하나님과의 교제를 위해 매일 말씀을 읽고, 매일 기도하는 습관도 생기면 좋겠습니다.

31. 에너지 바 - 주님은 나의 에너지

나의 힘이신 여호와여 내가 주를 사랑하나이다 여호와는 나의 반석이시요 나의 요새시요 나를 건지시는 이시요 나의 하나님이시요 내가 그 안에 피할 나의 바위시요 나의 방패시요 나의 구원의 뿔이시요 나의 산성이시로다(시18:1-2)

시편 18편 표제에 마음이 갑니다.
[여호와의 종 다윗의 시, 인도자를 따라 부르는 노래, 여호와께서 다윗을 그 모든 원수들의 손에서와 사울의 손에서 건져 주신 날에 다윗이 이 노래의 말로 여호와께 아뢰어 이르되]
다윗은 자신의 지나온 삶을 돌아보며 여기까지 인도해 주신 하나님을 고백하며 찬양했습니다. 하나님은 나의 힘이십니다. 하나님은 나의 반석이십니다. 하나님은 나의 요새십니

다. 하나님은 나를 건지시는 분이십니다. 하나님은 나의 하나님이십니다. 하나님은 나의 피할 바위이십니다. 하나님은 나의 방패이십니다. 하나님은 나의 구원의 뿔이십니다. 하나님은 나의 산성이십니다. 그렇다면 하나님은 나의 무엇이 되십니까? '하나님은 나의 에너지'

32. 활명수 - 내 팔이 놋 활을 당기도다

나의 발을 암사슴 발 같게 하시며 나를 나의 높은 곳에 세우시며 내 손을 가르쳐 싸우게 하시니 내 팔이 놋 활을 당기도다(시18:33-34)

다윗은 활의 명수였습니다. 아버지의 양을 지키며 쌓았던 실력으로 골리앗과 싸울 때 물맷돌을 그의 이마에 박히게 했습니다. 이것은 시작에 불과했고 사울의 군대 장관으로, 이스라엘의 왕으로 전쟁을 했을 때 하나님께서는 그의 팔로 놋 활을 당기게 하셨고 손을 떠난 활은 적들의 심장에 꽂혔습니다. 다윗은 활의 명수였습니다.

다윗은 어떻게 활의 명수가 되었을까요?

주께서 나를 전쟁하게 하려고 능력으로 내게 띠 띠우사 일어나 나를 치는 자들이 내게 굴복하게 하셨나이다 (시18:39)라고 했습니다.

하나님께서 다윗을 전쟁에서 이기는 자로 만드셨고 그의 손을 활에 익숙한 자로 연단해 주셨습니다.

33. SUN - 내 영혼을 비추는 빛

그의 소리가 온 땅에 통하고 그의 말씀이 세상 끝까지 이르도다 하나님이 해를 위하여 하늘에 장막을 베푸셨도다 해는 그의 신방에서 나오는 신랑과 같고 그의 길을 달리기 기뻐하는 장사 같아서 하늘 이 끝에서 나와서 하늘 저 끝까지 운행함이여 그의 열기에서 피할 자가 없도다(시19:4-6)

하늘은 최고의 건축가이신 하나님이 만드셨습니다. 아침에 떠오르는 태양은 그 길을 달리기 기뻐하는 장사 같아서 지칠 줄 모르고 달려가는 빛이 됩니다.

태양이 품어내는 열기를 통해 온 세상 사람들이 빛을 보고 식물들은 생명을 유지합니다. 태양은 하나님이 비치시는 빛이시며 소리 없이 전하는 하나님의 음성입니다. 이 땅의 모든 생명체는 태양이 주는 빛으로 사는 것처럼 하나님을 경외하는 우리들은 내 영혼에 비추어주시는 말씀의 빛으로 삽니다.

한낮의 태양을 똑바로 쳐다볼 수 없습니다. 우리는 하나님이 지으신 해도 제대로 볼 수 없는 인생입니다. 그러나 말씀의 빛이 내 안에 들어오면 주님을 보게 됩니다.

34. 짜요짜요 - 힘내

하나님께서 구하시는 제사는 상한 심령이라 하나님이여 상하고 통회하는 마음을 주께서 멸시하지 아니하시리이다 (시51:17)

하나님께서는 애통하게 기도하는 것을 기뻐하십니다. 다윗은 우리아의 아내 밧세바와 동침한 후 죄를 숨기려 했으나 나단 선지자를 통해 자신의 죄를 깨닫고 난 후 애통하며 기도했습니다.

죄와 부끄러움의 자리에 머물러 있지 않았고 '주의 얼굴을 내 죄에서 돌이키시고 내 모든 죄악을 지워 주소서. 하나님이여 내 속에 정직한 마음을 창조하시고 내 안에 정직한 영을 새롭게 하소서.'라고 기도했습니다. 죄를 범했을 때, 하나님의 근심이 되었을 때, 절망의 자리에서 방황하지 말고 하나님 앞에 나와 엎드려 눈물로 회개하며 새로운 삶을 살아가는 믿음의 사람이 되어야 합니다.

'짜요짜요'는 중국어로 '힘내'라는 뜻이기도 합니다. '짜요 - 여러분 힘내세요'

35. 크라운산도 - 내가 산을 향하여 눈을 들리라

내가 산을 향하여 눈을 들리라 나의 도움이 어디서 올까 나의 도움은 천지를 지으신 여호와에게서로다(시121:1-2)

시편 121편은 성전으로 올라가는 노래입니다. 그들은 성전이 있는 예루살렘으로 올라가면서 노래를 불렀습니다.

내가 산을 향하여 눈을 들리라 나의 도움이 어디서 올까 나의 도움은 천지를 지으신 여호와에게서로다 중국에 있는 장가계에 여행을 갔습니다. 풍경이 너무 아름다웠습니다. 그 아름다움을 다시 보기 위해 또 갔습니다. 안개와 비로 아무것도 보이지 않았습니다. 실망스러운 마음으로 걸어서 내려오는데 안개가 걷히더니 장가계의 비경이 눈앞에 펼쳐졌습니다. 그때 불렀던 노래입니다.

'주님은 산 같아서 여전히 그 자리에 계셔 눈을 들면 보이리라.
날 위한 그 사랑. 주는 나의 도움이시며 주의 계획 영원하시네.
주의 위엄 앞에 믿음으로 순종의 예배드리리.'

산은 세월이 지나고 안개가 가리어 보이지 않아도 그 자리에 있습니다. 산이 보이지 않는 것은 산이 없어진 것이 아니라 안개와 구름에 가려져 보이지 않는 것입니다. 아무리 힘들고 어려워도 우리가 낙심하지 말아야 할 이유는 주님은 여전히 그 자리에 계시기 때문입니다.

36. 김치 - 함께 어울림

보라 형제가 연합하여 동거함이 어찌 그리 선하고 아름다운고 머리에 있는 보배로운 기름이 수염 곧 아론의 수염에 흘러서 그의 옷깃까지 내림 같고 헐몬의 이슬이 시온의 산들에 내림 같도다 거기서 여호와께서 복을 명령하셨나니 곧 영생이로다(시133:1-3)

맛있는 김치를 만드는 데 들어가는 재료들을 살펴보니 모두 개성이 강한 것들입니다. '파, 마늘, 생강, 고춧가루, 소금' 그 어느 것 하나 쉬워 보이는 재료들이 아니었습니다. 맵고 짜고 쓰고 텁텁하고 그냥 먹기에는 곤란한 것들입니다. 이렇게 개성이 강하고 독특한 것들이 자기를 주장하지 않고 서로 어울려 있으면서 보일 듯 보이지 않는 듯 사라지더니 신비한 맛을 냅니다. 함께 어울린다는 것은 '내가 있는 것은 분명하지만 나 자신은 보이지 않고 함께 어울림으로 새로운 맛을 내는 것을 의미합니다.'

내가 강하면 우리가 없지만 우리 안에는 내가 있습니다. 하나님께서는 교회를 세우실 때 개성 있고 다양한 지체들을 하나로 있게 하셨습니다. 하나의 지체로서 매우 중요하지만 혼자서는 살아갈 수 없는 지체인 것처럼 우리들의 삶도 그랬으면 좋겠습니다. 예수님을 믿기 전에는 나의 주장이 강했지만 예수 그리스도를 내 인생의 주인으로 영접한 후에는 나와 세상은 간 곳 없고 오직 주님만 보입니다. 예수 그리스도 안에서 물 녹듯 내 삶이 녹아들어 그리스도와 함께 살게 하옵소서.

37. 저지방 우유 - 거기서도 주의 손이 나를 인도하시며

내가 주의 영을 떠나 어디로 가며 주의 앞에서 어디로 피하리이까 내가 하늘에 올라갈지라도 거기 계시며 스올에 내 자리를 펼지라도 거기 계시니이다 내가 새벽 날개를 치며 바다 끝에 가서 거주할지라도 거기서도 주의 손이 나를 인도하시며 주의 오른손이 나를 붙드시리이다(시139:7-10)

우유에 대한 이야기 하나 하려고 합니다. 부모님들이 자녀들에게 아인슈타인처럼 훌륭한 사람이 되라고 '아인슈타인 우유'를 마시게 합니다.

시간이 지나면서는 아인슈타인까지는 바라지 않고 서울대라도 가라고 '서울우유'를 마시게 하고, 서울대는 조금 힘들 것 같으니 연세대라고 가라고 '연세우유'를 마시게 하더니, 거기까지는 조금 힘들 것 같다는 생각에 건국대라도 가라고 '건국우유'를 마시게 합니다.

수학 능력 시험을 치른 후 어디면 어떠냐 하고 저 지방대라도 가라며 '저지방 우유'를 마시게 하더니, 사람은 건강이 최고이니 '매일 우유'를 마시게 합니다. 누군가 웃자고 한 이야기인데 마음에 남았습니다. 하나님의 사람은 어디에 있든지 하나님이 그곳에 계십니다.

요셉처럼 총리가 되고, 다윗처럼 왕이 되고, 다니엘과 느헤미야, 에스더와 같은 위치에서만 주의 일을 하는 것은 아닙니다. 사도 요한은 로마의 박해로 밧모섬에 추방되어 그곳에서 생을 마감하면서 요한계시록을 기록하게 하셨습니다.

우리가 어디에 있든지 그곳에도 주의 손이 함께 하십니다. 세상의 중심이 아니라 저 지방 어딘가에 있을지라도 하나님이 함께 하십니다. 거기서도 나를 인도하신다는 사실을 잊지 마세요.

38. 오뚜기 카레 - 우리는 넘어져도 다시 일어납니다

대저 의인은 일곱 번 넘어질지라도 다시 일어나려니와 악인은 재앙으로 말미암아 엎드러지느니라(잠24:16)

오뚝이는 넘어져도 다시 일어나고 또 넘어져도 다시 일어납니다. 그리스도인은 넘어질 수 없습니다. 혹시 넘어졌어도 다시 일어날 수 있습니다.

성경에서는 넘어졌지만 다시 일어나 주님의 뜻대로 살아간 사람들이 많이 있습니다. 넘어진 자리에서 일으켜 주시는 분은 예수 그리스도이십니다.

소녀야 일어나라(막5:41)

일어나 이곳에서 떠나라(창19:14)

일어나라 어찌하여 이렇게 엎드렸느냐(수7:10)

청년아 일어나라(눅7:14)

예수의 이름으로 일어나 걸으라(행3:1-13)

일어나라 함께 가자(마26:36-46)

우리는 잠깐은 넘어질 수 있어도 다시 일어날 수 있습니다. 나는 그리스도인입니다.

39. 김밥 - 그의 팔로 안으시며

그는 목자 같이 양 떼를 먹이시며 어린 양을 그 팔로 모아 품에 안으시며 젖먹이는 암컷들을 온순히 인도하시리로다(사40:11)

김밥은 김을 밥으로 감싼 후 그 안에 다양한 재료들 넣어 만듭니다. 김밥 안에 들어가는 것들은 개인 취향에 따라 다르겠지만 보통은 햄, 당근, 시금치, 단무지, 맛살, 계란, 참치, 깻잎 등을 넣는데 그 안에 넣는 재료에 따라 야채김밥, 참치김밥, 치즈김밥, 충무김밥, 고기김밥 등 다양한 김밥을 만들 수 있습니다. 이렇게 다양한 재료들이 하나로 있을 수 있는 것은 이들을 감싸고 있는 김밥이 있기 때문입니다.

김밥이 그 안에 있는 모든 재료들을 감싸고 있는 것처럼 지구는 각 나라와 족속과 방언에 속한 자들을 하나로 감싸고 있고, 우주는 하늘의 별과 달, 이름도 알지 못하는 수많은 행성들을 감싸고 있습니다. 자연을 통해 이 모든 것들을 감싸고 계시는 분은 하나님임을 봅니다. 김밥 안에 작은 우주가 보이고, 김밥 안에 하나님의 사랑이 보입니다. 예수님께서 성격과 기질이 다른 열두 제자들을 사랑하시되 끝까지 사랑하신 것은 그들이 탁월해서가 아니라 제자들을 사랑하신 예수님의 사랑 때문에 가능했던 것입니다. 김밥처럼 모든 것들을 품을 수 있는 사람이 되면 좋겠습니다.

40. 생일 케이크 - 왜 태어났니, 잘 태어났다

야곱아 너를 창조하신 여호와께서 지금 말씀하시느니라 이스라엘아 너를 지으신 이가 말씀하시느니라 너는 두려워하지 말라 내가 너를 구속하였고 내가 너를 지명하여 불렀나니 너는 내 것이라(사43:1)

생일 축하 노래를 불렀습니다. '왜 태어났니 왜 태어났니 사람도 많은데 왜 태어났니', '잘 태어났다 잘 태어났다 할 일도 많은데 잘 태어났다' 세상에 태어난 모든 사람들은 잘 태어났습니다. 우리들의 출생의 비밀을 성경이 가르쳐 주셨기 때문입니다.

부모를 통해 세상에 왔을지라도 우리는 하나님으로부터 지음을 받았고 이곳으로 보냄을 받았습니다. 나를 창조하신 분, 나를 지으신 분, 나를 세상에 보내신 분이 말씀하십니다.

'너는 내 것이라.' 세상에서 가장 높으신 분은 하나님이십니다. 그 위는 에노스요 그 위는 셋이요 그 위는 아담이요 그 위는 하나님이시니라(눅3:38). 하나님 위에 더 이상 위는 없습니다.

41. 까메오 - 죄를 지면 까메오

여호와의 손이 짧아 구원하지 못하심도 아니요 귀가 둔하여 듣지 못하심도 아니라 오직 너희 죄악이 너희와 너희 하나님 사이를 갈라 놓았고 너희 죄가 그의 얼굴을 가리어서 너희에게서 듣지 않으시게 함이니라(사59:1-2)

죄를 지으면 어떻게 될까요? 죄를 색깔로 표현하다면 무슨 색일까요?

'죄를 지면 까메오.' 죄의 색깔은 까만색입니다. 죄를 지면 어두워집니다. 눈이 어두워지고 마음이 어두워지고 생각이 어두워집니다.

더 심각한 것은 하나님과의 거리가 멀어집니다. 죄는 하나님과 우리 사이를 갈라놓고 하나님을 향하여 고개를 들지 못하게 합니다.

잊지 마세요. 죄를 지면 까메오.

42. 단무지 - 영적인 단.무.지

다니엘이 이 조서에 왕의 도장이 찍힌 것을 알고도 자기 집에 돌아가서는 윗방에 올라가 예루살렘으로 향한 창문을 열고 전에 하던 대로 하루 세 번씩 무릎을 꿇고 기도하며 그의 하나님께 감사하였더라(단6:10)

나의 하나님이 이미 그의 천사를 보내어 사자들의 입을 봉하셨으므로 사자들이 나를 상해하지 못하였사오니 이는 나의 무죄함이 그 앞에 명백함이오며 또 왕이여 나는 왕에게도 해를 끼치지 아니하였나이다 하니라(단 6:22)

김밥에 단무지가 빠진다면 얼마나 싱거울까요? 단무지는 맛을 낼 뿐만 아니라 김밥을 더 풍성하게 합니다.

(단무지를 손에 들고) '여기 단무지가 있습니다.'

두 종류의 단무지가 있습니다. '단순하고 무식하고 지밖에 모르는 단무지'입니다.'

다리오 왕이 전국을 통치하는 일에 있어 고관 120명을 세우고 그 위에 총리 셋을 두었는데 그중의 한 사람이 다니엘입니다. 총리와 고관들은 다니엘을 고발할 근거를 찾기 위해 30일 동안 왕 외의 어떤 신에게나 사람에게 무엇을 구하면 사자 굴에 던져 넣기로 했고 왕은 도장을 찍어 승인을 했습니다.

또 다른 단무지가 있습니다. 믿음의 사람 다니엘입니다. 다니엘은 왕의 도장이 찍힌 것을 알았지만 왕과는 비교도 될 수 없는 만왕의 왕이시요 만유의 주가 되시는 하나님께 기도하는 것을 멈추지 않았습니다. 어떻게 되었을까? 사자굴속에 들어간 다니엘을 하나님이 지켜주셨습니다. 다니엘은 단무지입니다. '다니엘처럼 무릎 꿇고 기도하면 하나님이 지켜주신다.'라는 것을 우리에게 보여준 단무지입니다.

우리는 단순하고 무지하고 지밖에 모르는 단무지가 아닙니다. 다니엘처럼 무릎 꿇고 기도하면 하나님이 지켜주시는 단무지입니다.

43. 숏다리 - 다리오 왕의 어리석음

나의 하나님이 이미 그의 천사를 보내어 사자들의 입을 봉하셨으므로 사자들이 나를 상해하지 못하였사오니 이는 나의 무죄함이 그 앞에 명백함이오며 또 왕이여 나는 왕에게도 해를 끼치지 아니하였나이다 하니라(단 6:22)

'숏다리', '롱다리'의 표현이 그다지 좋지는 않지만 '숏다리'를 보았을 때 다리오 왕이 생각났습니다. 다리오 왕은 다리가 짧은 게 아니라 생각이 짧은 왕이었습니다. 다리오는 전국을 통치할 때 고관 백이십 명을 세우고, 그들 위에 총리 셋을 두었는데 그중의 한 사람이 다니엘이었습니다. 다니엘은 하나님을 경외하는 자로 충성된 자였고 그에게는 어떤 허물도 찾을 수 없었으나 다리오 왕은 다니엘을 싫어하는 자들의 꾀에 마음을 빼앗겨 다니엘을 사자굴속에 넣는 일이 일어났습니다. 생각이 짧으면 악한 꾀에 넘어집니다. 하나님 아는 것을 대적하여 높아진 것을 다 무너뜨리고 모든 생각을 사로잡아 그리스도에게 복종하게 하니(고후10:5).

44. 눈을 감자 - 기도는 눈을 감습니다

주여 들으소서 주여 용서히소서 주여 귀를 기울이시고 행하소서 지체하지 마옵소서 나의 하나님이여 주 자신을 위하여 하시옵소서 이는 주의 성과 주의 백성이 주의 이름으로 일컫는 바 됨이니이다(단9:19)

'눈을 감자' 기도는 눈을 감는 것입니다. 세상을 보지 않고 하나님만 보겠다는 몸의 표현입니다. 교회에서 기도할 때 '주여 삼창하겠습니다.' 하며 부르짖을 때 있습니다. 저도 궁금했습니다. 왜 주여 삼창이라고 했을까? 다니엘서에서 답을 찾았습니다.

'주여 들으소서', '주여 용서하소서', '주여 귀를 기울이시고 행하소서' 기도는 나의 모든 시선을 하나님께로 향하는 것입니다. 기도의 시작은 눈을 감는 것이지만 기도는 눈을 뜨는 행동입니다. 내가 기도한 내용에 대하여 어떻게 반응해야 하는지 눈이 떠지고, 어디로 가야 할지 몰랐는데 가야 할 길이 보입니다. 눈을 감으세요. 그러면 눈이 떠집니다.

45. 뼈다귀 - 너희가 살아나리라

그가 내게 이르시되 인자야 이 뼈들이 능히 살 수 있겠느냐 하시기로 내가 대답하되 주 여호와여 주께서 아시나이다(겔37:3)

주 여호와께서 이 뼈들에게 이같이 말씀하시기를 내가 생기를 너희에게 들어가게 하리니 너희가 살아나리라(겔37:5)

에스겔 선지자를 통하여 이스라엘에게 하신 하나님의 말씀이 우리에게 소망을 줍니다. 또 내게 이르시되 인자야 이 뼈들은 이스라엘 온 족속이라 그들이 이르기를 우리의 뼈들이 말랐고 우리의 소망이 없어졌으니 우리는 다 멸절되었다 하느니라(겔37:11). 이 뼈들은 이스라엘 온 족속이었

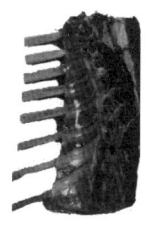습니다. 지금 이스라엘 백성들의 상태가 어떠한 모습인지 보여주신 것입니다. 본인들이 생각하기에도 소망이 없고, 다시 일어날 가망도 없고, 기댈 곳도 없는 절망적인 상황이라는 것을 알았습니다. 성읍은 무너지고, 땅은 빼앗겼고, 백성들은 포로가 되거나 흩어졌고, 왕은 죽임을 당했습니다. 이스라엘은 끝났습니다. 이스라엘의 영광은 여기까지였습니다. 그런 이스라엘을 향해 말씀하십니다.

"너희 마른 뼈들아 여호와의 말씀을 들을지어다."

하나님의 말씀에 소리가 나고 움직이더니 이 뼈, 저 뼈가 들어맞아 뼈들이 서로 연결되고, 뼈에 힘줄이 생기고, 그 위에 가죽이 덮입니다.

"생기야 사방에서부터 와서 이 죽음을 당한 자에게 불어서 살아나게 하라." 어떻게 되었을까요? 그들이 살아나서 일어났는데 군대가 되었습니다. 내 영혼을 향한 하나님의 말씀으로 듣습니다. 지금 나의 상황이 절망스럽고, 그 끝은 보이지 않습니다. 그러한 나를 향해 하나님께서 말씀하십니다. '너희가 살아나리라.' 아멘.

46. 전 - 가서 전하라

여호와께서 말씀하시기를 보라 내가 너희 앞에 생명의 길과 사망의 길을 두었노라 너는 이 백성에게 전하라 하셨느니라(렘21:8)

하나님께서는 전도의 미련한 것으로 믿는 자들을 구원하시기를 기뻐하셨습니다(고전1:21). 오순절 다락방에 성령이 임하신 이유는 땅 끝까지

이르러 주님의 증인이 되기 위함이라고 말씀하셨습니다. 열두 사도와 더불어 부르심을 받은 많은 자들은 성령의 충만함을 입어 그리스도를 전하는 자가 되게 하셨습니다. 점치는 귀신 들린 여종이 바울을 향해 말합니다. 그가 바울과 우리를 따라와 소리 질러 이르되 이 사람들은 지극히 높은 하나님의 종으로서 구원의 길을 너희에게 전하는 자라(행16:17) 했습니다. 보내심을 받지 아니하였으면 어찌 전파하리요 기록된 바 아름답도다 좋은 소식을 전하는 자들의 발이여 함과 같으니라(롬10:15).

우리는 무엇을 전해야 할까요? 예수를 전해야 합니다. 예수 그리스도 앞에 생명의 길과 사망의 길이 있습니다. 모두 외쳐보세요. '가서 전하라.'

47. 해바라기 - 주바라기

오라 우리가 여호와께로 돌아가자 여호와께서 우리를 찢으셨으나 도로 낫게 하실 것이요 우리를 치셨으나 싸매어 주실 것임이라(호6:1)

해바라기가 해를 바라보듯 우리는 주님을 바라보는 '주바라기'입니다. 늘 주님을 바라보는 주바라기. 하나님을 경외하는 주바라기, 힘들고 어려울 때 주바라기, 죄가운데 빠질때도 주바라기, 하나님의 도우심이 필요할 때에도 주바라기, '우리는 주바라기 입니다. 주님만 바라보게 해주세요.'라고 고백해 보세요.

Chapter 1

과자로 전하는 복음

'신약의 교훈'

1. 오 예스 - 오직 예수

다른 이로써는 구원을 받을 수 없나니 천하 사람 중에 구원을 받을 만한 다른 이름을 우리에게 주신 일이 없음이라 하였더라(행4:12)

우리에게 구원을 주신 이름 오직 예수님입니다. 우리의 죄를 용서해 주시는 분 오직 예수님입니다. 내게 죄 없다고 말씀하시는 분 오직 예수님뿐입니다. 하나님께로 갈 수 있는 유일한 길 오직 예수님뿐입니다.

2. 오리지널 - 가짜에 속지 말라 복음이 오리지널이다

다른 이로써는 구원을 받을 수 없나니 천하 사람 중에 구원을 받을 만한 다른 이름을 우리에게 주신 일이 없음이라 하였더라(행4:12)

오리지널(orignal)의 뜻을 국어사전에서 찾아보니 '복제, 각색, 모조품 따위에 대하여, 그것들을 낳게 한 최초의 작품'이라고 되어 있습니다. 한마디로 '원본'입니다. 명품에 가짜가 많은 것은 좋은 것이고, 복음에 가짜가 많은 것은 복음이 진짜이기 때문입니다. 복음 중의 복음은 예수 그리스도이십니다. 가짜로 만족하지 말고 길이요 진리요 생명 되시는 예수님을 믿고 영생의 삶을 살아갈 수 있기를 바랍니다.

3. 에이스 - 구원투수 예수 그리스도

다른 이로써는 구원을 받을 수 없나니 천하 사람 중에 구원을 받을 만한 다른 이름을 우리에게 주신 일이 없음이라 하였더라(행4:12)

에이스는 야구에서 팀의 주전 투수를 가리킵니다. 시합의 승패는 팀을 이끄는 에이스에게 달려있습니다. 야구에는 여러 명의 투수들이 있습니다. 크게는 선발투수와 구원투수로 나눌 수 있는데 경기를 시작할 때 던지는 투수를 선발투수라 하고, 선발투수를 대신해서 경기 중간에 투입되는 투수를 구원투수라고 합니다.

구원투수로는 선발투수가 일찍 무너졌을 때 비교적 오래 던지는 투수로 롱릴리프(long relief), 득점 차가 크게 벌어지지 않았을 때 짧은 이닝을 던지는 미들맨(middle men), 한 명의 타자만 상대하기 위해 등판하는 원 포인트 릴리프(situation pitcher), 이기고 있으면서 리드를 지키기 위해 나오는 셋업맨(setup man), 구원투수 중 가장 비중을 많이 차지하는 마무리 투수로 클로저(closer)라고 부릅니다.

모든 선수들이 다 중요하지만 경기의 마무리를 승리로 장식하기 위해서는 마지막에 등장하는 투수가 중요합니다. 예수 그리스도가 우리 인생의 구원투수이십니다. 우리는 져도 예수님께서 이기게 하시고, 우리의 실수조차 주님의 이기심으로 아무것도 아닌 일이 되게 하십니다. 우리 인생의 에이스, 예수 그리스도이십니다.

4. 한뿌리 - 육신의 가족이 아니라 영원한 가족이 되어야 합니다

인류의 모든 족속을 한 혈통으로 만드사 온 땅에 살게 하시고 그들의 연대를 정하시며 거주의 경계를 한정하셨으니(행17:26-27)

기록된 바 첫 사람 아담은 생령이 되었다 함과 같이 마지막 아담은 살려 주는 영이 되었나니 그러나 먼저는 신령한 사람이 아니요 육의 사람이요 그 다음에 신령한 사람이니라 첫 사람은 땅에서 났으니 흙에 속한 자이거니와 둘째 사람은 하늘에서 나셨느니라(고전15:45-47)

하나님께서 아담을 통해 인류를 시작하셨고, 노아와 그의 아들들을 통해 다시 새로운 삶을 시작하셨습니다. 사람의 족보를 위로 올라가다 보면 한 곳에서 만나니 우리는 모두 한 뿌리가 맞습니다. 그러나 그것으로는 영생의 삶을 누릴 수 없으니 둘째 사람 예수 그리스도를 통해 다시 태어나게 하셨습니다.

육신의 삶으로 된 한 뿌리는 영원하지 못하지만 예수 그리스도 안에서 이루어진 한 뿌리는 영원한 가족으로 남습니다. 육신의 가족으로 만족하지 말고 영원한 가족 되기를 바랍니다. 육신의 혈통보다 더 중요한 것은 예수 그리스도를 통한 믿음의 혈통입니다.

5. 자두 - 졸면 안 돼요

유두고라 하는 청년이 창에 걸터 앉아 있다가 깊이 졸더니 바울이 강론하기를 더 오래 하매 졸음을 이기지 못하여 삼 층에서 떨어지거늘 일으켜 보니 죽었는지라...사람들이 살아난 청년을 데리고 가서 적지 않게 위로를 받았더라(행20:9-12)

바울이 드로아에서 말씀을 전할 때 강론이 길어져 밤중까지 계속되니 등불을 밝혔습니다. 그곳에 모인 사람들이 얼마나 말씀을 사모했는지 강론하기를 더 오래 하니 창가에 걸터 앉아 있다가 졸음을 이기지 못했던 유두고라는 청년이 삼 층에서 떨어져 죽었습니다.

바울이 내려가서 그의 몸을 안았고 하나님께서 그를 살려주셨습니다. 기도 시간에 잠을 잤던 제자들도 있었습니다. 예수님은 제자들에게 말씀하셨습니다.

제자들에게 오사 그 자는 것을 보시고 베드로에게 말씀하시되 너희가 나와 함께 한 시간도 깨어 있을 수 없더냐, 시험에 들지 않게 깨어 기도하라 마음에는 원이로되 육신이 약하도다(마26:40-41)

하나님의 말씀을 듣는 시간에 '자두 되나요? 안 됩니다.' 기도 시간에 '자두 되나요? 안 됩니다.'

6. 빼빼로 - 내 속에 빼야 할 것은 빼세요

또한 그들이 마음에 하나님 두기를 싫어하매 하나님께서 그들을 그 상실한 마음대로 내버려 두사 합당하지 못한 일을 하게 하셨으니 곧 모든 불의, 추악, 탐욕, 악의가 가득한 자요 시기, 살인, 분쟁, 사기, 악독이 가득한 자요 수군수군하는 자요 비방하는 자요 하나님께서 미워하시는 자요 능욕하는 자요 교만한 자요 자랑하는 자요 악을 도모하는 자요 부모를 거역하는 자요 우매한 자요 배약하는 자요 무정한 자요 무자비한 자라(롬1:28-31)

"빼빼로"는 "뺄 것은 빼고, 넣을 것은 넣자"는 의미로 사용합니다.

"내 안에 빼야 될 것은 없습니까? 그리스도인으로서 꺼내야 될 욕망, 욕심, 거짓, 미워하는 마음 등 예수님을 닮지 못하는 것들을 빼내고, 내 안에 넣어야 될 것이 무엇인지 생각해 보세요."

'일 년 계획표, 인생 목표'를 세울 때 예수님을 초대하세요. 하나님 앞에서 나의 계획표를 수정하면서 빼야 할 것은 빼고 넣어야 할 것은 넣으세요.

7. 컨디션 - 최상의 컨디션으로 예배드리자

그러므로 형제들아 내가 하나님의 모든 자비하심으로 너희를 권하노니 너희 몸을 하나님이 기뻐하시는 거룩한 산 제물로 드리라 이는 너희가 드릴 영적 예배니라(롬12:1)

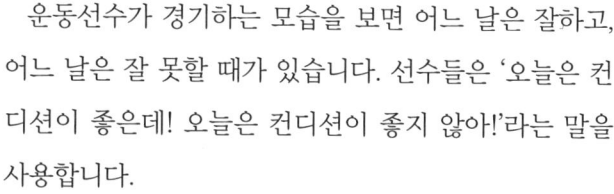

운동선수가 경기하는 모습을 보면 어느 날은 잘하고, 어느 날은 잘 못할 때가 있습니다. 선수들은 '오늘은 컨디션이 좋은데! 오늘은 컨디션이 좋지 않아!'라는 말을 사용합니다.

컨디션은 자기 자신을 다스리는 능력입니다. 예수 믿는 사람들은 주일 예배드리기 위해 최상의 컨디션을 가지고 있어야 됩니다. 토요일 늦게까지 놀거나, TV 시청을 늦은 시간까지 하면 주일 예배를 드리는 일에 지장을 받습니다.

교사들에게 컨디션은 너무 중요합니다. 주일 아침 아이들을 가르치는 시간에 최상의 컨디션을 유지할 수 있도록 자신을 조절해야 됩니다. 예배를 드리는 우리들도 마찬가지입니다. 최상의 컨디션으로 예배를 드릴 수 있도록 나의 몸을 준비해 주세요.

'자, 이 컨디션 필요하신 분 있습니까? 드리겠습니다.'

최상의 컨디션은 기분이 좋아야 합니다.

8. 콩나물 - 자라게 하시는 이는 하나님

나는 심었고 아볼로는 물을 주었으되 오직 하나님께서 자라나게 하셨나니 그런즉 심는 이나 물 주는 이는 아무 것도 아니로되 오직 자라게 하시는 이는 하나님뿐이니라(고전3:6-7)

'콩 심은 데 콩 나고, 팥 심은 데 팥 난다' 라는 속담이 있습니다. 자연의 법칙은 하나님이 만드신 법칙입니다.

스스로 속이지 말라 하나님은 업신여김을 받지 아니하시나니 사람이 무엇으로 심든지 그대로 거두리라 자기의 육체를 위하여 심는 자는 육체로부터 썩어질 것을 거두고 성령을 위하여 심는 자는 성령으로부터 영생을 거두리라(갈6:7-8).

콩 심은 데 콩 나고 팥 심은 데 팥 나는 것도 놀라운 일이지만 이것들이 자란다는 것은 더욱 놀랍습니다. 콩나물은 물만 주는 데 자란다고 합니다. 사람도 동물도 태어나기만 하면 자랍니다. 주님의 말씀을 들어보세요.

너희 중에 누가 염려함으로 그 키를 한 자라도 더할 수 있겠느냐(마6:27). 식물의 자람도, 꽃의 자람도, 사람의 키도 하나님이 자라게 하십니다. 콩나물 햇빛 보고 자라는 것 아닙니다. 물만 먹고 자라는 것도 아닙니다. 하나님이 자라게 하십니다. 나도 자라게 하십니다.

9. 오렌지 - 그리스도 안에 우리는 하나

몸은 하나인데 많은 지체가 있고 몸의 지체가 많으나 한 몸임과 같이 그리스도도 그러하니라(고전12:12)

몸 가운데서 분쟁이 없고 오직 여러 지체가 서로 같이 돌보게 하셨느니라 만일 한 지체가 고통을 받으면 모든 지체가 함께 고통을 받고 한 지체가 영광을 얻으면 모든 지체가 함께 즐거워하느니라 너희는 그리스도의 몸이요 지체의 각 부분이라(고전12:25-27)

내가 알고 있는 과일들을 생각해 보세요. 과일들 가운데 '몸은 하나인데 많은 지체가 있고 몸의 지체가 많으나 한 몸인 것'은 어떤 과일일까요? 오렌지입니다.

오렌지는 하나인데 껍질을 벗기면 많은 오렌지들이 서로 서로 붙어 있는 것을 볼 수 있습니다. 한곳이 상하기 시작하면 모두 상하게 되니 서로 돌보아줍니다. 그리스도인은 예수 그리스도 안에서 하나로 있어야 합니다. 성격이 다르고, 사는 스타일이 다르고, 취미가 달라도 우리는 그리스도 예수 안에서 하나입니다.

'하나'란 모두 똑같은 모습으로 있어야 된다는 뜻이 아니라, 각자 다른 모양으로 있을지라도 하나로 '연합'되어 있으라는 말씀입니다.

10. 쌈무 - 욱여쌈을 당할지라도

우리가 이 보배를 질그릇에 가졌으니 이는 심히 큰 능력은 하나님께 있고 우리에게 있지 아니함을 알게 하려 함이라 우리가 사방으로 욱여쌈을 당하여도 싸이지 아니하며 답답한 일을 당하여도 낙심하지 아니하며 박해를 받아도 버린 바 되지 아니하며 거꾸러뜨림을 당하여도 망하지 아니하고 우리가 항상 예수의 죽음을 몸에 짊어짐은 예수의 생명이 또한 우리 몸에 나타나게 하려 함이라(고후4:7-10)

패러독스(paradox)라는 말이 있습니다. 신앙의 역설입니다.

그러나 하나님께서 세상의 미련한 것들을 택하사 지혜 있는 자들을 부끄럽게 하려 하시고 세상의 약한 것들을 택하사 강한 것들을 부끄럽게 하려 하시며 하나님께서 세상의 천한 것들과 멸시 받는 것들과 없는 것들을 택하사 있는 것들을 폐하려 하시나니 이는 아무 육체도 하나님 앞에서 자랑하지 못하게 하려 하심이라(고전1:27-29)

그리스도인의 능력은 내게 있는 능력이 아닙니다. 예수 그리스도 안에 있는 능력입니다. 그리스도인은 나의 자신감으로 사는 자가 아니라 주님의 자신감으로 사는 자들입니다.

11. 짱구과자 - 얼짱 몸짱 신앙꽝(NO), 신앙짱(YES)

그러나 내게는 우리 주 예수 그리스도의 십자가 외에 결코 자랑할 것이 없으니 그리스도로 말미암아 세상이 나를 대하여 십자가에 못 박히고 내가 또한 세상을 대하여 그러하니라(갈6:14)

요즘 헬스장에 PT(personal training)하는 사람들이 많아졌습니다. 개인 훈련을 통해 체중과 몸매를 관리하기 위해 운동과 식단 조절을 하면서 조금씩 변해가는 자신의 모습을 개인 SNS에 올립니다.

일명 몸짱, 얼짱들인데 신앙도 짱인지 궁금합니다. 우리는 잘 알고 있습니다. 다른 것들을 아무리 잘해도 주님을 알지 못하면 인생 꽝입니다. 안타까운 것은 사람들에게 보이는 것들에 대해서는 연습하고 가꾸면서 보이지 않는 부분들에 대해서는 노력하지 않습니다. 일용할 양식에 필요한 것들을 위해서는 물불을 가리지 않으면서 내 영혼의 양식을 위해서는 아무것도 하지 않습니다.

육체의 연단은 약간의 유익이 있으나 경건은 범사에 유익하니 금생과 내생에 약속이 있느니라(딤전4:8)

자신의 몸만들기를 위한 PT만 하지 말고 내 영혼을 위한 PT에 도전하세요.

12. 땅콩 - 땅콩박사 카버이야기

무슨 일을 하든지 마음을 다하여 주께 하듯 하고 사람에게 하듯 하지 말라 이는 기업의 상을 주께 받을 줄 아나니 너희는 주 그리스도를 섬기느니라(골3:23-24)

땅콩하면 저는 땅콩 박사 카버 이야기가 생각납니다. 카버 박사는 '땅콩 박사'로 알려졌는데 그의 책상에는 날마다 편지가 쌓여있었습니다. 대부분 '우리 밭의 흙을 한 봉지 보내니 무슨 작물을 심어야 될지 알려주세요.' 하면서 돈과 함께 보냅니다. 그러면 카버박사는 성실하게 답장을 보내면서 돈을 도로 넣어서 보냅니다. 한 번은 플로리다 주의 부유한 땅콩 재배자가 100달러짜리 수표 한 장과 아주 심한 병에 걸린 땅콩 한 봉지를 보내면서 편지하기를 '만일 병의 원인과 치료법을 알려준다면 매달 그만한 돈을 보내겠노라.'라고 적혀있었습니다.

카버 박사는 그 땅콩의 원인을 분석한 후 수표도 돌려보내면서 '하나님께서는 당신들의 땅콩을 키우시는데 아무 보답도 청구하시지 않았는데 그 병의 원인을 발견했다고 해서 어찌 보수를 받겠습니까?'라고 답장을 보내면서 모든 것의 원인과 능력과 공로를 하나님께 돌려드렸습니다.

카버 박사가 땅콩의 줄기와 뿌리를 가지고 500가지도 넘는 식물성 물감을 만들었다는 소식을 들은 물감 회사는 이런 물감을 만들 수 있는 연구소를 만들어주고 연구비로 카버 박사가 원하는 대로 쓸 수 있는 수표 한 장을 보내면서 자기의 회사에 와서 일해 달라는 제의를 했을 때, 카버 박사는 감사하다는 인사와 함께 그 제의를 거절하면서 수표와 함께 그때 발견한 536가지 물감 만드는 법을 알려주었습니다.

카버 박사는 어떤 발명이든지 특허권과 권리를 주장하지 않았습니다. 카버 박사는 하나님이 주신 것을 활용할 줄 아는 사람이었습니다. 우리도 그런 사람이 되었으면 좋겠습니다.

13. 감 - 내 인생 최고의 감사

> 항상 기뻐하라 쉬지 말고 기도하라 범사에 감사하라 이것이 그리스도 예수 안에서 너희를 향하신 하나님의 뜻이니라(살전5:16-18)

감사송 노래를 듣고 너무 좋았습니다.

"그래서 감사, 그래도 감사, 그러나 감사, 그러므로 감사, 그렇지만 감사, 그럼에도 감사, 그러니까 감사, 아주 그냥 감사. 그리 하실지라도 감사, 그리 아니하실지라도 감사, 그럼에도 불구하고 감사, 이래도 저래도 감사, 매일매일 감사, 항상 감사, 쉬지 말고 감사, 범사에 감사"

감사를 잃어버리며 사는 사람도 많은데 모든 것을 감사로 생각하며 살아가는 사람이 있다는 것이 감사했습니다. 감사송의 가사가 마음을 따뜻하게 합니다. 자신의 인생 주제를 감사로 결정한 사람처럼 보입니다. 가사 하나하나를 생각해 보면 모두 성경에 기록되어 있는 주제들입니다. 그리스도인이 넘어진 자리에는 상처만 남지 않습니다. 넘어지지 않았다면 깨달을 수 없는 것들을 얻게 하십니다.

형들에 의해 애굽의 종으로 팔려간 요셉이 그랬고, 사람을 죽이고 광야로 도망간 모세가 그랬고, 아버지의 심부름으로 전쟁터에 나간 형들을 보러 갔다가 골리앗을 이긴 다윗이 그랬고, 포로로 잡혀갔지만 그곳에서 하나님의 은혜를 입은 다니엘, 에스라, 느헤미야가 그랬습니다. 밤새도록 물고기 한 마리 잡지 못했던 날이 예수님을 만나 평생 잊을 수 없는 날이 되었던 베드로, 다메섹 도상에서 예수님을 만난 바울, 우리의 모든 감사는 하나님과 연결되어 있습니다.

14. 쫄병스낵 - 그리스도 예수의 좋은 병사

너는 그리스도 예수의 좋은 병사로 나와 함께 고난을 받으라 병사로 복무하는 자는 자기 생활에 얽매이는 자가 하나도 없나니 이는 병사로 모집한 자를 기쁘게 하려 함이라(딤후2:3-4)

하나님은 우리를 자녀로 부르셨습니다. 영접하는 자 곧 그 이름을 믿는 자들에게는 하나님의 자녀가 되는 권세를 주셨으니(요1:12). **하나님은 우리를 교회의 일꾼으로 부르셨습니다.** 사람이 마땅히 우리를 그리스도의 일꾼이요 하나님의 비밀을 맡은 자로 여길지어다 그리고 맡은 자들에게 구할 것은 충성이니라(고전4:1-2). 그리고 하나님은 우리를 그리스도 예수의 좋은 병사로 부르셨습니다.

예수 그리스도는 우리의 사령관 되시고 우리는 모두 그리스도의 쫄병입니다. 구원의 은혜로는 자녀가 되게 하시고, 주님의 몸 된 교회를 섬기는 일에는 일꾼이 되게 하시고, 세상을 향하여는 그리스도의 군사가 되게 하십니다.

15. 고향만두 - 세상이 아무리 좋아도 고향만두 못해요

그들이 이제는 더 나은 본향을 사모하니 곧 하늘에 있는 것이라 이러므로 하나님이 그들의 하나님이라 일컬음 받으심을 부끄러워하지 아니하시고 그들을 위하여 한 성을 예비하셨느니라(히11:16)

히브리서 11장은 믿음의 거장들의 발자취가 기록되어 있습니다. 이 사람들은 다 믿음을 따라 죽었으며 약속을 받지 못하였지만 그것들을 멀리서 보고 환영하며, 땅에서는 외국인과 나그네로 살면서 본향을 향해 가는 자의 모습으로 살았습니다.

천로역정에 나오는 크리스천이 본향을 향해 가는 길에 통과해야 했던 허영의 시장에서 물건을 파는 자들이 '당신들은 무엇을 사고 싶소?'라고 했을 때, '우리가 사고 싶은 것은 이곳에 없습니다. 우리는 진리를 사고 싶습니다.'라고 했습니다. 믿음의 사람들은 알고 있습니다. 세상이 아무리 좋아도 고향만두 못해요.

16. 짱구는 못말려 - 믿음의 사람들은 못말려

이런 사람은 세상이 감당하지 못하느니라 그들이 광야와 산과 동굴과 토굴에 유리하였느니라 이 사람들은 다 믿음으로 말미암아 증거를 받았으나 약속된 것을 받지 못하였으니 이는 하나님이 우리를 위하여 더 좋은 것을 예비하셨은즉 우리가 아니면 그들로 온전함을 이루지 못하게 하려 하심이라(히11:38-40)

히브리서 11장에는 세상이 감당하지 못하는 사람들의 이야기, 믿음의 사람들이 어떤 모습으로 살아왔는지를 기록하고 있습니다. 그들은 믿음으로 불의 세력을 멸하고, 전쟁에서 용감하게 싸우며 승리하는 자였으나, 고난이 올 때는 더 좋은 부활을 얻고자 심한 고문을 받되 구차히 풀려나기를 원하지 않았습니다. 예수 그리스도 안에서 즐거움도 누리고, 그 안에서 고난도 즐기는 사람들은 못 말리는 사람들입니다.

내가 무슨 말을 더 하리요 기드온, 바락, 삼손, 입다, 다윗 및 사무엘과 선지자들의 일을 말하려면 내게 시간이 부족하리로다(32)의 말씀은 그런 삶을 사는 사람들이 많다는 뜻이겠지요. 짱구도 못 말리지만 그리스도인들은 세상이 감당할 수 없는 사람들입니다.

17. 쫄면 - 쫄면 안돼요

그런즉 너희는 하나님께 복종할지어다 마귀를 대적하라 그리하면 너희를 피하리라(약4:7)

우리가 두려워해야 할 존재는 사탄이 아닙니다. 우리의 대적 마귀가 우는 사자와 같이 두루 다니며 삼킬 자를 찾을지라도 두려워하지 말고 마귀를 대적하면 우리를 피하게 될 것입니다.

다윗이 골리앗과 싸우러 나갈 때에 사울 왕이 자신의 갑옷을 주었지만 입을 수 없었습니다. 다윗은 자신이 익숙한 것을 가지고 나갔는데 그것은 돌이 아니라 하나님의 전신 갑주였습니다. 오늘도 우리들에게 말씀하십니다.

두려워하지 말라 내가 너와 함께 함이라 놀라지 말라 나는 네 하나님이 됨이라 내가 너를 굳세게 하리라 참으로 너를 도와 주리라 참으로 나의 의로운 오른손으로 너를 붙들리라(사41:10)

쫄면을 들고 설명합니다. '쫄면 안돼요.', '사탄에게 쫄면 안돼요.' 손에 든 쫄면은 자취하는 학생이나 선생님에게 전해줍니다.

18. 참 - 예수님이 진짜입니다

다시 내가 너희에게 새 계명을 쓰노니 그에게와 너희에게도 참된 것이라 이는 어둠이 지나가고 참빛이 벌써 비침이니라(요일2:8)

'참'은 사실이나 이치에 조금도 어긋남이 없다는 뜻입니다. 가짜가 아니라 진짜라고 말할 때 '참'이라는 표현을 쓰기도 합니다. 성경이 진짜입니다.

예수 그리스도가 구원자 되심이 진짜입니다. 하나님이 살아계신 것은 진짜입니다. '참'은 그리스도인의 언어입니다.

19. 설탕 제로, 당류 제로 ZERO

만일 우리가 우리 죄를 자백하면 그는 미쁘시고 의로우사 우리 죄를 사하시며 우리를 모든 불의에서 깨끗하게 하실 것이요(요일1:9)

지방에서 집회하는 동안 교회 가까이에 있는 호텔에서 머물렀습니다. 모든 일정을 마치고 집으로 돌아가는 날 1층 로비에 내려오니 정산실이 있었습니다. 좋은 장소에 머물렀으니 정산실에 들려 사용한 값을 지불하고 나오는 것이 당연했지만 저는 그곳에 들어

가지 않고 당당하게 호텔 밖으로 나왔습니다. 이곳에 머무는 동안 저의 모든 경비를 교회가 부담해 주었기에 제가 정산해야 할 것은 없었습니다.

과자를 가지고 복음을 전할 수 있는 것은 제게 주신 하나님의 선물입니다. '설탕 제로, 당류 제로 ZERO'라고 쓰여 있는 초콜릿칩 과자를 손에 들고 '제로'에 대한 말씀으로 설교를 했습니다.

예수 그리스도를 나의 주와 구주로 영접하는 순간 나의 모든 죄와 허물은 십자가 앞에서 제로가 됩니다. 죄의 값은 사망이지만 예수 그리스도께서 십자가에서 죽으심으로 죄의 값을 지불하셨고, 부활하심으로 사망에서 생명으로 우리의 인생을 바꾸어주셨습니다. 주께서 나의 모든 값을 대신 지불해 주셨기 때문에 내가 어둠의 권세에게 지불해야 할 값은 없습니다. 우리 인생은 주님 앞에서 제로가 됩니다.

이전 것은 지나갔으니 보라 새것이 되었도다. 어제의 삶은 기억하지 않으십니다. 이제부터의 삶이 중요합니다. 인생을 다시 시작할 수 있도록 허락하신 하나님께 감사합니다.

Chapter 2
아이스크림으로 전하는 복음

1. 설레임 - 내 인생의 설레임

엘리사가 사자를 그에게 보내 이르되 너는 가서 요단 강에 몸을 일곱 번 씻으라 네 살이 회복되어 깨끗하리라 하는지라(왕하5:10)

나아만이 이에 내려가서 하나님의 사람의 말대로 요단 강에 일곱 번 몸을 잠그니 그의 살이 어린 아이의 살 같이 회복되어 깨끗하게 되었더라(왕하5:14)

아람 왕의 군대 장관 나아만은 그의 주인 앞에 존귀한 자로 큰 용사였으나 나병환자였습니다. 그런 나아만에게 고칠 수 있는 방법이 있다고 하니 얼마나 설레었을까요?(설레임) 엘리사의 말을 듣고 요단 강에 내려가서 몸을 한 번, 두 번, 세 번, 네 번, 다섯 번, 여섯 번 얼마나 설레었을까요?(설레임) 엘리사의 말대로 일곱 번 몸을 잠그니 그의 살이 어린아이의 살 같이 회복되었습니다.

나아만 장군이 요단 강에 몸을 잠그기 전, 노하여 돌아가려고 했던 사실을 알고 있습니다. 나아만이 노하여 물러가며 이르되 내 생각에는 그가 내게로 나와 서서 그의 하나님 여호와의 이름을 부르고 그의 손을 그 부위 위에 흔들어 나병을 고칠까 하였도다(5:11)

내가 생각하는 방식이 아니라 하나님이 원하시는 방법으로 행할 때 역사가 일어납니다. 내 인생의 설레임 언제 있었나요? 말씀에 순종하세요. 그리고 기대하세요. 인생의 설레임 말씀에 순종하는 길에 있습니다.

2. 아시나요 - 네가 아느냐

그 때에 여호와께서 폭풍우 가운데에서 욥에게 말씀하여 이르시되 무지한 말로 생각을 어둡게 하는 자가 누구냐 너는 대장부처럼 허리를 묶고 내가 네게 묻는 것을 대답할지니라(욥38:1-3)

욥기 38-39장은 여호와께서 욥에게 질문하시는 내용으로 가득합니다. 누가 그것의 도량법을 정하였는지, 누가 그 줄을 그것의 위에 띄웠는지 네가 아느냐 바다가 그 모태에서 터져 나올 때에 문으로 그것을 가둔 자가 누구냐 산 염소가 새끼 치는 때를 네가 아느냐 그것이 몇 달 만에 만삭되는지 아느냐 그 낳을 때를 아느냐 **하나님의 질문에 욥이 대답합니다.**

욥이 여호와께 대답하여 이르되, 보소서 나는 비천하오니 무엇이라 주께 대답하리이까 손으로 내 입을 가릴 뿐이로소이다

우리가 알고 있는 것들은 극히 제한되어 있습니다. 우리는 세상의 모든 것을 다 알 수 없습니다. 우리가 겸손해야 할 이유입니다. 감사한 것은 세상의 모든 것을 다 알 수는 없지만 하나님께서 우리를 사랑하신다는 것은 알고 있습니다. 그래서 고백합니다.

'그리스도로 충분합니다.'

3. 누가바 - 하나님이 봐

여호와께서 또 이와 같이 이르시기를 보라 내가 너와 네 집에 재앙을 일으키고 내가 네 눈앞에서 네 아내를 빼앗아 네 이웃들에게 주리니 그 사람들이 네 아내들과 더불어 백주에 동침하리라 너는 은밀히 행하였으나 나는 온 이스라엘 앞에서 백주에 이 일을 행하리라 하셨나이다 하니(삼하12:11-12)

'누가바' 아이스크림을 통해서 사람들은 보지 못해도 하나님은 다 아심을 소개한다.

"하와가 선악을 알게 하는 실과를 아무도 몰래 먹었지만 하나님은 보고 계셨어요. 가인이 아벨을 미워해서 아무도 없는 들에서 아벨을 죽였을 때 아무도 보지 않았으니 괜찮다고 생각했지만 하나님이 보고 계셨어요. 아나니아와 삽비라가 하나님께 드리기로 하고 땅을 판 돈의 일부를 감추어 두었지만 하나님은 알고 계셨어요. 따라 해보세요 '누가바' '누가바' 하나님이 보고 계세요.

하지만 기억하세요. 하나님은 우리를 심판하시기 위해서 보고 계시는 것이 아니랍니다. 우리를 도와주시기 위해서, 가장 적절한 때에 우리에게 힘과 소망을 주시기 위해서 우리를 보고 계세요. 늘 하나님 앞에서 하나님을 의식하며 살아가는 친구가 되었으면 좋겠어요."

4. 돼지바 - 보석바

그가 돼지 먹는 쥐엄 열매로 배를 채우고자 하되 주는 자가 없는지라(눅 15:16)

아버지는 종들에게 이르되 제일 좋은 옷을 내어다가 입히고 손에 가락지를 끼우고 발에 신을 신기라 그리고 살진 송아지를 끌어다가 잡으라 우리가 먹고 즐기자(눅15:22-23)

누가복음 15장에는 잃어버린 양, 잃어버린 드라크마, 잃어버린 아들에 대한 말씀이 있습니다. 잃어버린 것들을 찾으시는 아버지의 마음을 보게 하십니다. 잃어버린 아들 이야기는 아버지의 아들로 살다가 자신이 받은 분깃으로 허랑방탕하게 살며 재산을 낭비하더니 돼지를 치는 자리까지 가게 됩니다. 그가 돼지를 치며 먹은 것은 '돼지바'였습니다.

탕자는 돼지 먹는 쥐엄 열매로 배를 채우려고 했습니다. 그런데 탕자에게 반전이 일어났습니다. 굶주림이라도 면하고 싶어서 아버지께로 돌아가 종으로 살게 해달라고 요청하려 했는데, 아버지는 "내 아들이 죽었다가 다시 살아났으며 내가 잃었다가 다시 얻었노라." 하시며, '보석바'를 주었습니다. 우리의 아버지 되시는 하나님께서는 우리에게 언제나 좋은 것을을 주십니다. 아버지를 떠나 사는 '돼지바'의 인생이 아니라 아버지와 함께 사는 '보석바'의 삶이 되기를 바랍니다.

5. 쌍쌍바 - 쌍둥이

그 해산 기한이 찬즉 태에 쌍둥이가 있었는데 먼저 나온 자는 붉고 전신이 털옷 같아서 이름을 에서라 하였고 후에 나온 아우는 손으로 에서의 발꿈치를 잡았으므로 그 이름을 야곱이라 하였으며 리브가가 그들을 낳을 때에 이삭이 육십 세였더라(창25:24-26)

이삭과 리브가가 결혼하여 자녀를 낳았는데 쌍둥이를 낳았습니다. 에서가 먼저 나와 형이 되었고 야곱은 에서의 발꿈치를 잡고 나와 동생이 되었습니다. 세상에 보내시는 순서는 하나님께서 정하십니다. 그러나 우리에게는 또 하나의 순서가 있습니다.

믿음의 계보를 잇는 순서입니다. 믿음의 순서는 출생의 순서와 같지 않습니다.

아담의 아들 가인과 아벨 중에서 아벨을 믿음의 가장으로 세우셨고, 아브라함의 아들 이스마엘과 이삭 가운데 이삭을 믿음의 가장으로 세우셨고, 에서와 야곱 가운데서는 야곱을, 요셉의 아들 므낫세와 에브라임 가운데서는 에브라임을 세우셨습니다. 먼저 출생했다고 모든 것을 잘하는 것은 아닙니다. 먼저와 나중보다 더 중요한 것은 하나님의 말씀대로 사는 것입니다. 얼굴만 쌍둥이가 아니라 믿음도 쌍둥이, 주의 길도 같이 가는 쌍둥이가 되기를 바랍니다.

6. 죠스바 - 큰 물고기를 예비하사

여호와께서 이미 큰 물고기를 예비하사 요나를 삼키게 하셨으므로 요나가 밤낮 삼 일을 물고기 뱃속에 있으니라(욘1:17)

하나님의 말씀이 요나에게 임했고 큰 성읍 니느웨로 가서 외치라는 사명이 주어졌지만 요나는 여호와의 얼굴을 피하여 다시스로 가는 배를 타고 가다가 큰 풍랑을 만났습니다.

바다는 점점 흉용해졌고 배를 가볍게 하기 위해 물건들을 바다에 던졌으나 멈추지 않으니 누구 때문에 이 재앙이 임했는지 제비를 뽑았습니다. 그랬더니 요나가 뽑혔습니다. 하나님의 얼굴을 피하여 갔지만 배에 탄 많은 사람들 가운데서 요나를 찾아내셨습니다.

그런 요나를 사람들이 바다에 던졌지만 하나님께서는 큰 물고기를 예비하셔서 요나를 삼키게 하셨습니다. 큰 물고기도 하나님의 말씀에 순종합니다. 요나가 밤낮 삼 일을 물고기 뱃속에 있는 동안 요나는 기도하는 시간이 되었고, 여호와께서 그 물고기에게 말씀하시매 요나를 육지에 토하니라(욘2:10).

하나님께서 하시고자 하시면 큰 물고기뿐만 아니라 그 어떤 것일지라도 사용하실 수 있으십니다. 요나를 위해 큰 물고기를 준비하시듯 우리를 위해 그 어떤 것도 준비해 주실 수 있으신 하나님을 믿으세요.

7. 월드콘 - 세계가 다 내게 속하였나니

세계가 다 내게 속하였나니 너희가 내 말을 잘 듣고 내 언약을 지키면 너희는 모든 민족 중에서 내 소유가 되겠고 너희가 내게 대하여 제사장 나라가 되며 거룩한 백성이 되리라 너는 이 말을 이스라엘 자손에게 전할지니라(출19:5-6)

이르시기를 너희는 가만히 있어 내가 하나님 됨을 알지어다 내가 뭇 나라 중에서 높임을 받으리라 내가 세계 중에서 높임을 받으리라 하시도다 (시46:10)

전 세계에는 200여 국가가 존재하고 있습니다. 국가의 정의는 일정한 영토를 보유하며, 거기 사는 사람들로 구성되고, 주권을 가진 집단으로 되어 있습니다. 작은 지구 안에 한정되어 있는 땅과 바다를 나누어 자기의 집을 짓고 있습니다. 세계에서 가장 넓은 땅을 차지하고, 세계에서 가장 높은 빌딩을 짓고, 세계에서 가장 좋은 무기를 가지고 있다고 자랑하지만 하나님께서 말씀하십니다.
"세계가 다 내게 속하였다."
세계는 하나님께 속해있고, 사람들에게 잠시 사용할 수 있는 권한을 주신 것입니다. 세계적인 스타를 월드 스타라고 하지만 그들 역시 잠시 머물다 죽음에 이르게 됩니다. 하나님은 뭇 나라 중에서 가장 높임을 받으시기에 합당하신 분이십니다. 어제와 오늘 영원토록 살아계시는 예수 그리스도야 말로 월드 스타이십니다.

8. 얼음컵 - 주인의 마음을 시원하게 하는 자

충성된 사자는 그를 보낸 이에게 마치 추수하는 날에 얼음 냉수 같아서 능히 그 주인의 마음을 시원하게 하느니라(잠25:13)

성경에 기록된 충성된 자들입니다. **모세** 그는 내 온 집에 충성함이라(민12:7), **여호수아** 나와 함께 올라갔던 내 형제들은 백성의 간담을 녹게 하였으나 나는 내 하나님 여호와께 충성하였으므로(수14:8), **하나냐** 하나냐는 충성스런 사람이요 하나님을 경외하는 무리 중에서 뛰어난 자라(느7:2), **다니엘** 그가 충성되어 아무 그릇됨도 없고 아무 허물도 없음이었더라(단6:4). **예수님께서도 말씀하셨습니다.** 그 주인이 이르되 잘하였도다 착하고 충성된 종아 네가 적은 일에 충성하였으매 내가 많은 것을 네게 맡기리니 네 주인의 즐거움에 참여할지어다 하고(마25:23) 하나님은 충성하는 자를 기뻐하시며 그들을 사용하십니다. 충성하는 자를 보는 것은 주인의 즐거움입니다. 하나님께 즐거움을 드리는 믿음의 사람이 되세요.

9. 투게더(together) - 주님과 함께

내가 그 둘 사이에 끼었으니 차라리 세상을 떠나서 그리스도와 함께 있는 것이 훨씬 더 좋은 일이라 그렇게 하고 싶으나(빌1:23)

빌립보서에 나오는 바울의 고백 중 그리스도에 관한 말씀입니다. '내가 예수 그리스도의 심장으로 너희 무리를 얼마나 사모하는지 하나님이 내 증인이니라' '너희로 지극히 선한 것을 분별하며 또 진실하여 허물없이 그리스도의 날까지 이르고' '겉치레로 하나 참으로 하나 전파되는 것은 그리스도니 이로써 나는 기뻐하고 또한 기뻐하리라' '살든지 죽든지 내 몸에서 그리스도가 존귀하게 되려 하려 하나니' '이는 내게 사는 것이 그리스도니 죽는 것도 유익함이라' '차라리 세상을 떠나서 그리스도와 함께 있는 것이 훨씬 더 좋은 일이라' '오직 너희는 그리스도의 복음에 합당하게 생활하라'

'너희 안에 이 마음을 품으라 곧 그리스도 예수의 마음이니'
'그가 그리스도의 일을 위하여 죽기에 이르러도 자기 목숨을 돌보지 아니한 것은' '하나님의 성령으로 봉사하며 그리스도 예수로 자랑하고'
'무엇이든지 내게 유익하던 것을 내가 그리스도를 위하여 다 해로 여길뿐더러 또한 모든 것을 해로 여김은 내 주 그리스도 예수를 아는 지식이 가장 고상하기 때문이라 내가 그를 위하여 모든 것을 잃어버리고 배설물로 여김은 그리스도를 얻고'
'내가 이미 얻었다 함도 아니요 온전히 이루었다 함도 아니라 오직 내가 그리스도 예수께 잡힌바 된 그것을 잡으려고 달려가노라'

'그러나 우리의 시민권은 하늘에 있는지라 거기로부터 구원하는 자 곧 예수 그리스도를 기다리노니'

내 삶에 그리스도를 빼면 아무것도 없고, 내 삶에 그리스도를 더하면 모든 것이 있습니다. 깨닫습니다. 그리스도를 위해 죽는 것은 한 번뿐이지만 그리스도를 위해 사는 것은 날마다 죽어야 됩니다.

10. 베스킨라빈스31 - 골라먹는 재미가 있다? '모든 성경은'

모든 성경은 하나님의 감동으로 된 것으로 교훈과 책망과 바르게 함과 의로 교육하기에 유익하니 이는 하나님의 사람으로 온전하게 하며 모든 선한 일을 행할 능력을 갖추게 하려 함이라(딤후3:16-17)

아이스크림의 큰 변화를 가져온 베스킨라빈스는 '31일 골라 먹는 재미가 있다'는 CF로 큰 인기를 끌었습니다. 인기순위는 1위 아이스 허니버터 아몬드, 2위 엄마는 외계인, 3위 아몬드 봉봉, 4위 미트 초콜릿 칩, 5위 뉴욕 치즈케이크, 6위 체리쥬빌레, 7위 슈팅스타, 8위 오레오 쿠키 앤 크림, 9위 바람과 함께 사라지다, 10위 사랑에 빠진 딸기라고 합니다. 베스킨라빈스 아이스크림은 먹고 싶은 것만 골라 먹으면 되고 그 맛도 다양하니 취향에 따라서 먹으면 되지만 성경은 골라 먹으면 안 됩니다. 내가 좋아하는 성경 구절만 읽어도 안 됩니다.

모든 성경을 읽어야 합니다. 제사에 대한 말씀이 기록된 레위기도, 아담으로부터 시작된 족보 이야기가 기록된 역대상도, 마지막 때의 심판과 구원의 메시지를 담고 있는 요한계시록도 모두 읽어야 됩니다. 성경은 하나님의 사람으로 온전하게 하며 모든 선한 일을 행할 능력을 갖추게 합니다. '성경 골라 읽지 말고, 모두 읽읍시다.'

Chapter 3
몸으로 전하는 복음

'몸에 지닌 것들'

1. 몸 - 우리는 그리스도의 몸

만일 한 지체가 고통을 받으면 모든 지체가 함께 고통을 받고 한 지체가 영광을 얻으면 모든 지체가 함께 즐거워하느니라 너희는 그리스도의 몸이요 지체의 각 부분이라(고전12:26-27)

하나의 몸에 여러 지체가 있고 각 지체는 하나님께서 원하시는 곳에 두셨습니다. 발과 손이 서로 다른 곳에 있어도 한 몸 안에 있고, 온몸이 눈이면 듣는 곳은 어디냐 하시며 몸의 모든 지체들에게 각자의 역할을 주셨다고 했습니다. 눈이 손 더러 너는 쓸데없다 할 수 없고 오히려 약하게 보이는 몸의 지체가 더 요긴하고, 몸의 덜 귀히 여기는 것들이 우리의 몸을 아름답게 한다고 하십니다.

하나님께 감사한 것은 성경에서 중요하게 생각하는 것들을 우리의 몸으로 비유하셔서 기억하게 하셨다는 것입니다. 우리의 몸을 교회로 비유하시면서 교회의 중요성을 알려주셨고, 교회의 머리는 예수 그리스도이시고, 우리들은 그분의 몸을 이루는 지체라는 것을 알려 주심으로 이 땅의 모든 교회는 내가 원하는 것이 아니라 교회의 머리 되시는 주님이 원하시는 일을 해야 된다는 것을 깨닫게 해주셨습니다. 구약의 할례를 남자의 몸에 행하게 하심도 구별된 자라는 것을 내 몸에 표식으로 남겨주신 것으로 깨닫습니다. 하나님의 말씀을 기억하지 못하고 살아가는 우리들에게 하나님의 말씀을 기억할 수 있도록 우리의 몸에 교회를 새겨주셨습니다.

2. 예방접종 - 인생 백신 예수 그리스도

그는 저 대제사장들이 먼저 자기 죄를 위하고 다음에 백성의 죄를 위하여 날마다 제사 드리는 것과 같이 할 필요가 없으니 이는 그가 단번에 자기를 드려 이루셨음이라(히7:27)

이 뜻을 따라 예수 그리스도의 몸을 단번에 드리심으로 말미암아 우리가 거룩함을 얻었노라(히10:10)

표준 예방접종이 있습니다. 영유아로부터 노년에 이르기까지 각종 질병으로부터 자신을 예방하기 위해 예방접종을 맞아야 됩니다. 우리의 몸에도 접종을 받은 흔적이 있습니다. 평생 동안 우리가 맞아야 되는 예방접종은 디프테리아, 파상풍, 백일해, 인플루엔자, A형 간염, B형 간염, 사람유두종바이러스, 대상포진, 폐렴구균 외에도 코로나19와 같은 전염성이 강한 것들로부터 자신을 보호하기 위해 백신을 맞아야 됩니다. 예방주사를 맞으면 저항력이 생겨서 위기가 왔을 때 수월하게 지나갈 수 있습니다. 안타까운 것은 세상의 각종 질병으로부터 자신을 보호하기 위해 예방접종은 하면서 인생의 죄와 허물에서 나를 보호하는 인생 백신 예수 그리스도를 맞는 일에는 소홀합니다. 육신의 예방 접종은 나의 몸을 보호하는 것이지만 인생 백신 예수 그리스도는 나의 영혼과 영생이 있는 미래의 삶을 위해 반드시 맞아야지만 구원의 은혜를 입을 수 있습니다. 모든 예방접종에는 때가 있지만 인생 백신 예수 그리스도는 빨리 접종할수록 유익합니다. 아직 맞지 못하신 분들이 있다면 하루라도 빨리 예수 그리스도로 인생의 백신을 맞으시길 바랍니다.

3. 모자 - 내 위에 계시는 하나님

그들이 지을 옷은 이러하니 곧 흉패와 에봇과 겉옷과 반포 속옷과 관과 띠라 그들이 네 형 아론과 그 아들들을 위하여 거룩한 옷을 지어 아론이 내게 제사장 직분을 행하게 하라(출28:4)

키파(Kippa)는 유대인 남자들이 쓰는 작고 테두리 없는 모자로 야물커(yarmulke)라고 불립니다. 성경에서 그 유래를 찾을 수 있습니다. 유대인들이 머리에 키파를 쓰는 이유는 하나님을 향한 경외와 존경심의 표시입니다. 예루살렘을 순례하는 자들이 통곡의 벽에 들어가려면 모두 키파를 착용해야 됩니다.

우리들도 다양한 모양의 모자를 씁니다. 야구모자로부터 등산 모자까지 나의 머리를 보호하기 위해 모자를 착용하기도 하고, 멋을 내기 위해 착용하기도 하지만 구약의 제사장들과 유대인들은 내 위에 하나님이 계시고, 나는 그분의 아래에 있다는 뜻으로 키파를 착용했습니다. 꼭 그러한 의식을 해야지만 하나님을 경외하는 것은 아니지만 그런 의식으로 살았다는 것이 중요하게 생각됩니다. 우리가 모자를 쓰고 야외 활동을 하고 빛을 가리거나 멋을 내기 위해 모자를 착용할지라도 내 위에 하나님이 계시고, 내 삶의 주관자가 계시다는 사실을 믿으며 살면 좋겠습니다.

4. 시선 - 어디를 보며 살아야 될까요?

너희 안에 이 마음을 품으라 곧 그리스도 예수의 마음이니(빌2:5)

그리스도인으로서 이루고 싶은 꿈이 있다면 날마다 그리스도를 아는 지식이 풍성해지고, 날마다 그리스도를 닮아가며, 날마다 그리스도를 위해 살면서 나의 시선조차 주님이 보시는 곳을 보는 것입니다. '위에서 아래'로 내려다보겠습니다. 예수님은 세상을 통해 영광을 취하려 하지 않으시고, 세상을 내려다보시며 불쌍히 여기셨습니다. 십자가 위에서도 그들을 내려다보시며 저들의 죄를 용서해달라고 하셨습니다. 주님의 마음으로 위에서 아래로 보길 원합니다. 명예와 권력에 대해서는 '아래에서 위로' 올려다보겠습니다.

너희 중에 큰 자는 너희를 섬기는 자가 되어야 하리라 누구든지 자기를 높이는 자는 낮아지고 누구든지 자기를 낮추는 자는 높아지리라

사람을 섬기는 일에는 맨 앞에 서겠습니다. 이웃과 성도에 대해서는 "옆에서 옆으로"의 마음을 갖고 살겠습니다. 제자들과 함께 식사하셨고, 십자가 옆의 두 강도와 함께 고통을 겪으셨고, 엠마오로 가는 제자들과 동행해 주셨습니다. "안에서 밖으로"의 삶을 살겠습니다. 겉 사람이 아닌 속사람을 더욱 견고하게 하고, 사람의 겉모습이 아니라 속마음을 이해하는 사람, 내 안에 있는 것을 밖으로 흘려보낼 수 있는 그런 마음을 품길 원합니다. 나의 모든 시선이 주님이 머무는 곳에 머물게 도와주세요.

5. 안경 - 그의 눈을 열어서 보게 하옵소서

기도하여 이르되 여호와여 원하건대 그의 눈을 열어서 보게 하옵소서 하니 여호와께서 그 청년의 눈을 여시매 그가 보니 불말과 불병거가 산에 가득하여 엘리사를 둘렀더라(왕하6:17)

아람 왕이 엘리사를 잡기 위해 말과 병거와 많은 군사를 보내 엘리사가 있는 성읍을 에워쌌습니다. 엘리사의 사환은 두려워했으나 엘리사는 두려워하지 말라 우리와 함께 한 자가 그들과 함께 한 자보다 많으니라 하고 종의 눈을 열어 보게 해주시를 구하니 여호와께서 그의 눈을 여셨고, 불말과 불병거가 산에 가득한 것을 보았습니다.

안경을 왜 쓰나요? 잘 보기 위해서 씁니다. 잘 보기 위해 안경을 써도 우리의 눈으로 볼 수 없는 것들이 있습니다. 우리의 눈은 눈앞에 있는 것도 볼 수 없고 너무 멀리 있는 것도 볼 수 없습니다. 우리가 보지 못하는 것들, 볼 수 없는 것들이 많이 있습니다. 시력이 나빠져 안과에 갔습니다. 시력검사를 한 후 선생님께 질문했습니다. '안경은 언제부터 써야 되나요?' 선생님의 답변이 시원했습니다. '안경은 내가 불편할 때 쓰면 됩니다.'

성경을 읽으면서 불편할 때가 있습니다. 기록된 말씀 속에는 내게 말씀하시고자 하시는 영적 진리가 있는 것이 분명한데 육신의 눈과 생각으로는 그 진리를 깨달을 수 없기 때문입니다. 그럴 때 기도할 수 있습니다.

내 눈을 열어서 주의 율법에서 놀라운 것을 보게 하소서(시119:18)

6. 귀고리 - 뚫는 귀

곧 마음에 원하는 남녀가 와서 팔찌와 귀고리와 가락지와 목걸이와 여러 가지 금품을 가져다가 사람마다 여호와께 금 예물을 드렸으며(출35:22)

팔찌와 귀고리와 가락지와 목걸이는 언제부터 만들어 사용했을까요? 창세기의 족장 시대에도 등장하는 것을 보면 예쁘게 꾸미기 위해 만들어졌고, 때론 그것들이 하나님께 드리는 예물로도 사용되었다는 것을 보게 됩니다. 보통은 귀고리를 하기 위해서 귀를 뚫지만 다른 의미로 귀를 뚫는 사람들이 있었습니다.

종이 만일 너와 네 집을 사랑하므로 너와 동거하기를 좋게 여겨 네게 향하여 내가 주인을 떠나지 아니하겠노라 하거든 송곳을 가져다가 그의 귀를 문에 대고 뚫으라 그리하면 그가 영구히 네 종이 되리라 네 여종에게도 그 같이 할지니라(신15:16-17)

이스라엘에는 종을 대우하는 법이 있습니다. 가난하고 어려워 돈을 빌렸지만 갚을 능력이 없으니 그 집에 들어가 여섯 해 동안 그를 섬기게 하고 일곱 째 해가 되면 자유롭게 내보내야 하는데 빈손으로 보내지 말라고 하셨습니다. 그런데 종으로 있던 자가 그 집과 주인을 사랑하여 주인을 떠나지 않겠다고 하면 송곳을 가져다가 그의 귀를 문에 대고 뚫어 영원히 그를 섬기기는 증표가 되게 했습니다. 귀에 귀고리를 하기 위해 뚫린 귀가 있다면 예쁜 장식으로 자신을 꾸미는 귀로 좋겠지만, 예수 그리스도를 만난 후 그분이 너무 좋아 영원히 주님의 종으로 살겠다는 의미로 사용되는 뚫린 귀가 되면 좋겠습니다.

7. 이어폰 - 귀 있는 자는 들을지어다

귀 있는 자는 성령이 교회들에게 하시는 말씀을 들을지어다 이기는 그에게는 내가 하나님의 낙원에 있는 생명나무의 열매를 주어 먹게 하리라(계 2:7)

우리가 이어폰을 사용하는 이유는 주변에서 들리는 여러 소리들로부터 구별하기 위함이고, 듣고자 하는 소리를 더 잘 듣기 위해 이어폰을 사용합니다. 어떤 이어폰은 성능이 좋아 주변의 소리는 하나도 들리지 않고 내가 듣고자 연결된 소리만 듣게 되는 이어폰도 있습니다. 이런 이어폰을 귀에 꽂고 길을 걸을 때 주변의 소리를 듣지 못함으로 위험한 순간을 만나기도 합니다.

하나님께서는 소아시아 일곱 교회들에게 말씀하실 때 귀 있는 자는 성령이 교회들에게 하시는 말씀을 들을지어다고 하셨습니다. 들려지는 소리로 듣는 것이 아니라 행하는 소리로 들으라는 말씀입니다. 그러나 하나님의 말씀이 선포될 때 듣기는커녕 귀를 막고 달려드는 자들도 있습니다. 그들이 큰 소리를 지르며 귀를 막고 일제히 그에게 달려들어(행7:57) 그래서 들을 귀 있는 자가 복이 있다고 말씀하십니다.

하나님께서는 하나님의 말씀만 들으라고 하지 않으십니다.

귀를 막고 가난한 자가 부르짖는 소리를 듣지 아니하면 자기가 부르짖을 때에도 들을 자가 없으리라(잠21:13)

가난한 자의 소리도 듣고 도움을 주라고 하십니다. 나의 이어폰은 어떤 소리를 듣고 있나요? 하나님께 연결되어 있으면 우리를 향하신 하나님의 소리와 세상을 향하신 사명의 소리를 들려주십니다.

8. 혀 - 배의 키(rudder)

여러 종류의 짐승과 새와 벌레와 바다의 생물은 다 사람이 길들일 수 있고 길들여 왔거니와 혀는 능히 길들일 사람이 없나니 쉬지 아니하는 악이요 죽이는 독이 가득한 것이라(약3:7-8)

혀를 배의 키(rudder)로 비유합니다. 배의 키는 작지만 큰 배의 방향을 조정하기 때문입니다. 성경이 혀를 불에 비유하는 것은 작은 불꽃이라도 큰 불을 낼 수 있기 때문입니다. 혀는 좋은 친구관계를 유지하게도 하고 친구를 잃게도 합니다. 혀는 교회를 치료할 수도 있고 병들게 할 수도 있습니다. 혀는 사람을 그리스도에게로 인도할 수도 있고 멀리 떠나게도 할 수 있습니다. 혀는 하나님을 영화롭게도 할 수 있고 저주할 수도 있습니다. 혀는 자살하는 사람을 구해낼 수도 있고 사람들을 자살로 몰아넣을 수도 있습니다. 죽고 사는 것이 혀의 권세에 달렸나니(잠언 18:21) 우리들의 명성은 혀를 어떻게 사용하느냐에 따라 달라질 수 있습니다.

예수님께서 재판받으실 때 그 옆에 있던 사람이 베드로에게 '네 말소리가 너를 표명한다.'라고 말함으로 그가 예수님의 제자임을 알아보았습니다. 우리의 혀는 내가 예수님의 제자임을 증명할 수 있는 통로가 됩니다. 나의 말소리가 나를 증명합니다.

9. 립스틱 - 한 입에서 찬송과 저주가 나오는도다

한 입에서 찬송과 저주가 나오는도다 내 형제들아 이것이 마땅하지 아니하니라 샘이 한 구멍으로 어찌 단 물과 쓴 물을 내겠느냐 내 형제들아 어찌 무화과나무가 감람 열매를, 포도나무가 무화과를 맺겠느냐 이와 같이 짠 물이 단 물을 내지 못하느니라(약3:10-12)

'립스틱 예쁘게 바르는 법'을 검색해 봤습니다. 메이크업을 예쁘게 해도 립이 빠지면 앙꼬 없는 찐빵, 팥 없는 붕어빵이라고 합니다. 립스틱을 예쁘게 바르려면 먼저 각질을 제거해야 화장이 잘 먹게 되고, 기존 입술색을 죽여야 컬러가 제대로 나오기 때문에 파우더나 미용티슈 등으로 적절한 유수분기를 없애주는 게 좋다고 합니다. 그리고 브러시를 이용하게 되면 경계를 풀어줄 때도 용이하고 입술이 짝짝인 것도 대칭을 맞출 수 있다고 합니다.

우리는 알고 있습니다. 립스틱을 예쁘게 발라도 그 입에서 나오는 말을 예쁘게 할 수 없다는 것을. 야고보는 한 입에서 찬송과 저주가 나올 수 없다고 했습니다. 샘이 한 구멍으로 단 물과 쓴 물을 동시에 내지 못하는 것처럼 사람의 언어도 두 가지를 동시에 낼 수 없습니다. 립스틱만큼이나 아름다운 언어생활을 위해 그동안 내 입을 통해 쏟아냈던 언어들을 각질을 제거하듯 제거해야 합니다. 기존의 입술색을 죽여야 컬러가 제대로 나오는 것처럼 지금까지의 언어생활을 잊어야 새로운 언어를 사용할 수 있습니다. 우리들의 언어는 찬송입니다. 찬송하는 입술로 범죄 할 수 없습니다. 그리고 기억하세요. 천국의 언어는 방언이 아니고 예언의 말씀입니다(고전14:23-25).

10. 손 - 예수님의 가위바위보

> 예수께서 불쌍히 여기사 손을 내밀어 그에게 대시며 이르시되 내가 원하노니 깨끗함을 받으라 하시니 곧 나병이 그 사람에게서 떠나가고 깨끗하여 진지라 (막1:41-42)

이 시대 최고의 지성인으로서 한 시대의 문화를 이끌어 왔던 이어령 씨가 예수그리스도를 영접한 과정을 기록한 책이 '지성에서 영성으로' 입니다. 딸의 아픔을 통해 하나님 아버지를 알게 되었다는 그의 신앙 고백 속에는 늦게 출발한 그리스도인 답지 않은 깊은 영성과 하나님 아버지에 대한 깨달음이 있었습니다. '태초에 하나님이 천지를 창조하시니라'로 시작되고 있는 성경을 읽으면서 사람이 필요에 의해서 만든 이 땅의 모든 물건들은 때가 되면 망가지거나, 부서지거나, 업그레이드를 해야만 하지만, 하나님께서 만드신 세상은 한 번에 완벽하게 만드셔서 업그레이드가 필요 없다는 것을 깨닫게 되었습니다.

이어령 씨는 레오나르도 다빈치의 '최후의 만찬'에서 예수님의 손 모습을 보았습니다. 한쪽 손은 손바닥이 보이도록 펴있었고, 한쪽 손은 주먹을 살짝 쥐고 있었습니다. 그 모습을 '예수님의 가위바위보'로 표현을 했습니다. 예수님의 손에는 바위와 보가 있었고, 세상에는 가위가 있어 사람들을 지르고, 상처 내고 찔렀습니다. 예수님께서는 하나님의 백성들을 상처 내고 찌르고 아프게 한 사탄을 바위로 심판하심으로 이기셨고, '보'로는 손을 펴시며 상처 입은 사람들을 품으시고 안으셨다는 표현이 너무 좋았습니다. 우리의 손에도 가위바위보가 있습니다. 무엇을 내시겠습니까?

11. 반지 - 약속

자기의 인장 반지를 빼어 요셉의 손에 끼우고 그에게 세마포 옷을 입히고 금 사슬을 목에 걸고(창41:42)

첫째 달 십삼일에 왕의 서기관이 소집되어 하만의 명령을 따라 왕의 대신과 각 지방의 관리와 각 민족의 관원에게 아하수에로 왕의 이름으로 조서를 쓰되 곧 각 지방의 문자와 각 민족의 언어로 쓰고 왕의 반지로 인치니라(에3:12)

제 손에는 결혼반지가 있습니다. 결혼 전에 커플링을 하는 사람도 있고, 손을 예쁘게 하기 위해서 반지를 끼는 사람도 있습니다. 결혼반지는 혼인서약과 함께 그 약속을 지키겠다는 의미가 있습니다. 힘들고 어려운 일을 만나도 반지를 보며 내가 약속한 사람이라는 것을 확인합니다.

성경에도 반지가 나옵니다. 당시 반지는 일종의 도장 역할을 했습니다. 도장을 나무나 돌, 보석에 새겨 목에 매거나(창38:18), 반지에 새겨 몸에 지니고 다녔습니다(창41:42). 왕이 반지를 사용할 때에는 왕의 뜻이 담긴 것이라는 표가 되고, 왕의 결정이니 조서에 쓴 내용은 변개할 수 없다는 뜻도 됩니다.

반지와 같이 눈에 보이는 곳에 약속의 표를 삼는 것은 우리가 잘 잊어버리기 때문입니다. 눈에 보이는 반지보다 더 중요한 것은 하나님의 약속을 마음에 새기는 것이겠지요. 우리 안에는 약속의 말씀이 있습니다.

12. 손목시계 - 인생의 시간

> 우리의 모든 날이 주의 분노 중에 지나가며 우리의 평생이 순식간에 다 하였나이다 우리의 연수가 칠십이요 강건하면 팔십이라도 그 연수의 자랑은 수고와 슬픔뿐이요 신속히 가니 우리가 날아가나이다(시90:9-10)

아담은 934세를 살다가 죽었고, 셋은 910세를 살다가 죽었고, 므두셀라는 969세를 살다고 죽었습니다. 사라는 127세를 살다가 죽었고, 아브라함은 175세를 살다가 죽었습니다. 생육하고 번성하고 충만하고 정복하고 다스리라는 사명을 주셨을 때 사람들의 수명은 길었습니다.

노아의 홍수 이후에 사람의 수명은 줄어들었고 오늘날 우리는 100세 시대를 살고 있습니다. '살다가 죽었고'란 사람에게 시간이라는 것을 허락하셨다는 것을 뜻합니다. 각자에게 주어진 시간들은 다르지만 그 시간을 주관하시는 분은 하나님이십니다. 우리는 하나님께서 허락하신 시간들을 그냥 보낼 수 없습니다. 어린 시절 부모의 도움이 필요한 시간에는 육체와 마음과 지식을 자람으로 채워야 하고, 스스로 인생을 살아가야 할 시간에는 성장과 나눔의 시간으로 채워야 합니다. 기억하세요. 시간을 허락하신 분은 하나님이시고 그 시간들을 채워가는 것은 나의 몫입니다. 어떻게 살아야 하는지 하나님께 지혜를 구하면서 믿음의 길을 완주할 수 있기를 바랍니다.

13. 핸드폰 - 안 되는 게 없는 그리스도인

영접하는 자 곧 그 이름을 믿는 자들에게는 하나님의 자녀가 되는 권세를 주셨으니 이는 혈통으로나 육정으로나 사람의 뜻으로 나지 아니하고 오직 하나님께로부터 난 자들이니라 (요1:12-13)

세상이 얼마나 발전을 했는지 핸드폰을 보면 알 수 있습니다. 과거에는 TV, 라디오, 녹음기, 카메라, 비디오, 전화기, 알람시계, 컴퓨터 등 모든 것들을 구입해야지만 볼 수 있고 들을 수 있었습니다. 그런데 이 모든 기능이 핸드폰에 다 들어있습니다. 핸드폰으로 못하는 것이 없습니다. 핸드폰 안에 기능이 얼마나 많은지 그 수를 헤아릴 수 없고 지금도 계속해서 발전하고 있습니다. 핸드폰 하나로 영상 촬영과 편집은 물론 인터넷까지 가능합니다. 통화와 문자는 기본이고 세계 어느 곳이든 연결이 가능하고, 필요한 자료를 도서관에 가지 않아도 그 정보를 확인할 수 있으며 심지어 은행 업무까지도 스마트폰으로 해결이 가능합니다. 그런데 이렇게 없는 게 없는 스마트폰을 가지고 전화 통화만 하는 분들이 있습니다. 사용하고 싶어도 기능이 많고 복잡해서 어떻게 사용해야 할지 모르는 사람도 있습니다.

그리스도인 중에도 그와 같은 사람이 있습니다. 우리는 하나님의 자녀의 권세를 가지고 있고 그리스도 예수 안에 모든 것이 있는데, 마치 아무것도 아닌 사람처럼 살아가는 사람이 있습니다. 그래서야 되겠습니까? '그리스도인'이란 이름 안에 놀라운 능력이 있습니다. 우리는 하나님의 자녀입니다. 우리는 하나님이 나와 함께 하십니다. 하나님 안에 모든 것이 있습니다. 스마트폰은 사용할 줄 알면서 하나님의 자녀 됨의 권세는 사용할지 모르는 자 되지 말고, 하나님의 자녀 됨에 대한 확신을 가지고 하나님의 자녀로 세상을 살아갈 수 있기를 바랍니다.

14. 핸드폰 벨소리 - 마음의 소리

참 아름다워라 주님의 세계는 저 산에 부는 바람과 잔잔한 시냇물 그 소리 가운데 주 음성 들리니 주 하나님의 큰 뜻을 나 알 듯 하도다(찬송가 478장)

핸드폰을 보면서 마음에도 벨 소리가 있다는 사실을 알았습니다. 상대방이 아무리 전화해도 마음의 벨 소리를 무음으로 두면 들리지 않습니다. 마음의 벨 소리를 진동으로 두면 소리는 울리지만 마음이 가지 않으니 손도 가지 않습니다. 못 들은 척, 때론 못 본 척하기도 합니다. 불편하거나 힘들 때는 수신을 거부하듯 폰을 꺼놓고 마음의 소리도 꺼놓습니다. 그때 깨닫게 된 것 있습니다. 핸드폰을 끄고 마음의 소리는 꺼도 주님의 말씀을 듣는 시간만큼은 마음의 소리, 주님의 소리를 들을 수 있도록 볼륨을 켜놓으면 좋겠습니다. 켜놓은 벨 소리를 통해 생명의 빛이 들어오고 그 빛은 나의 영혼을 살게 합니다. 그러다 보면 핸드폰도 켜고 마음의 소리도 다시 켜겠지요.

세상의 모든 소리를 다 들어야 하는 것은 아니지만 꼭 들어야 하는 소리는 있습니다. 세상으로부터 모든 것을 닫고 어느 누구와도 연결되고 싶지 않을 때도 있겠지만 주님과 소통할 수 있는 끈은 항상 연결되어 있어야 합니다. 내가 듣고 싶은 말씀만 듣지 않겠습니다. 꼭 들어야 할 말씀이 있다면 듣기 위해 마음의 벨 소리를 최대로 높여 놓겠습니다. '그 소리 가운데 주님의 음성 들립니다.'

15. 넥타이 - 오직 주의 사랑에 매어

또 누구든지 나를 믿는 이 작은 자들 중 하나라도 실족하게 하면 차라리 연자맷돌이 그 목에 매여 바다에 던져지는 것이 나으리라(막9:42)

보라 이제 나는 성령에 매여 예루살렘으로 가는데 거기서 무슨 일을 당할는지 알지 못하노라(행20:22)

양복을 입을 때 넥타이를 맵니다. 그런데 가끔 넥타이를 목에 매지 않고 다른 곳에 매는 사람들이 있습니다. 노래방이나 주점에서 술을 마시며 노래하는 사람들은 넥타이를 이마에 매기도 하고 목뒤로 넘겨 누군가 뒤에서 말을 타는 흉내를 냅니다. 넥타이를 셔츠가 아니라 목에 매어 끌고 가는 용도로 사용하기도 하는데, 마음이 아픈 것은 젊은 청년들은 넥타이를 천정에 맵니다. 스스로 삶을 마감하는 것이지요.
　어느 날 설교를 위해 양복을 입고 넥타이를 매는데 '오직 주의 사랑에 매여' 찬양이 생각났습니다. 주님의 사랑에 매여야 하는데 세상에 매여 살지는 않았는지 돌아보게 되었습니다. 주님을 떠나 사는 형제들의 모습이 생각이 나 울었습니다. 나를 믿는 자 중에 하나라도 실족하게 하면 차라리 연자 맷돌을 그 목에 매여 바다에 던져지는 것이 낫다고 하셨는데 저는 이렇게 넥타이를 매고 있었습니다. 우리 어디에 매여 살아야 할까요? 주님의 사랑에 매여 살아야 합니다.
　'오직 주의 사랑에 매여 내 영 기뻐 노래합니다. 이 소망의 언덕 기쁨의 땅에서 주께 사랑 드립니다. 오직 주의 임재 안에 갇혀 내 영 기뻐 찬양합니다. 이 소명의 언덕 거룩한 땅에서 주께 경배 드립니다. 주께서 주신 모든 은혜 나를 말할 수 없네. 내 영혼 즐거이 주 따르렵니다. 주께 내 삶 드립니다.'

16. 허리띠 - 진리의 허리 띠

그러므로 하나님의 전신 갑주를 취하라 이는 악한 날에 너희가 능히 대적하고 모든 일을 행한 후에 서기 위함이라 그런즉 서서 진리로 너희 허리 띠를 띠고 의의 호심경을 붙이고(엡6:13-14)

우리는 옷을 입을 때 허리띠를 사용합니다. 바지가 흘러 내려가는 것을 막기 위함이지요. 예수님 당시의 의복은 발목까지 내려오는 긴 옷이었고 군인들은 전투하기 위해서 의복을 잡아 매는 띠가 필요했습니다. 전신 갑주의 '진리의 허리 띠'는 '진실함과 충실함'을 의미합니다. 진리는 오직 예수 그리스도에게만 어울리는 표현이기 때문입니다. 공의로 그의 허리띠를 삼으며 성실로 그의 몸의 띠를 삼으시는 분(사11:5).

하나님의 사람들의 허리 띠는 '진실함과 충실함'입니다. 진실함은 마음에 거짓이 없는 사람이고, 충실함은 충성되고 성실한 사람입니다. 진실과 충실이 우리를 부끄럽지 않게 합니다. 그리스도인을 생각할 때 떠오르는 이미지는 진실이어야 합니다. 예수님의 말씀에는 늘 진실만 있었다는 것을 기억하세요. 예수님의 삶은 자신을 이 땅에 보내신 분에게 늘 성실했던 분입니다. 우리의 허리띠는 '진실과 충실입니다'

17. 헌신(신발) - 헌신은 흔적

이 후로는 누구든지 나를 괴롭게 하지 말라 내가 내 몸에 예수의 흔적을 지니고 있노라(갈6:17)

헌신예배 설교를 하면서 제 신발을 벗어 들고 외쳤습니다. '헌신' 헌신은 내 신발과 같습니다. 오늘 새 신발을 신고 왔어도 신는 순간부터 헌신이 됩니다. 신발은 신는 순간부터 내 몸의 무게를 견딥니다. 신발을 오래 신을수록 자국이 많고, 더럽기도 하고, 찢어지기도 하고, 바닥이 닳아 없어지기도 합니다. 헌신은 그와 같습니다. 헌신은 흔적입니다.

내 삶의 고난의 흔적, 주를 위해 수고한 흔적 있어요? 하나님께 헌신한다고 말은 했지만 흔적이 없으면 안 됩니다. 헌신은 흔적입니다. 오늘부터는 여러분의 신발을 보면서 헌신의 의미를 생각해 보세요. 헌신은 수고의 흔적이 있습니다.

고린도후서11:22-28절에 있는 바울의 흔적을 읽어보세요.

18. 옷 - 가죽 옷, 허물을 가리는 옷

여호와 하나님이 아담과 그의 아내를 위하여 가죽옷을 지어 입히시니라 (창3:21)

셈과 야벳이 옷을 가져다가 자기들의 어깨에 메고 뒷걸음쳐 들어가서 그들의 아버지의 하체를 덮었으며 그들이 얼굴을 돌이키고 그들의 아버지의 하체를 보지 아니하였더라(창9:23)

사람은 언제부터 옷을 입게 되었을까요? 아담과 하와는 벌거벗었으나 부끄러워하지 않았던 때가 있었습니다. 그러나 하나님께서 금하신 선악을 알게 하는 나무의 열매를 먹은 뒤 자신의 벌거벗었음을 알게 되었고 무화과나무 잎을 엮어 치마로 삼았지만 그것으로는 자신의 부끄러운 모습을 가릴 수 없었습니다. 아들의 부끄러움을 가려주신 분은 여호와 하나님이셨습니다. 여호와께서 아담과 그의 아내를 위하여 가죽옷을 지어 입히심으로 지금의 부끄러움뿐만 아니라 사람의 죄와 허물도 가려주시겠다고 약속하셨습니다.

노아가 방주에서 나와 농사를 시작하여 포도나무를 심었고 포도주를 마시고 취하여 벌거벗고 잠이 들었습니다. 함은 아버지의 하체를 보고 조롱하며 두 형제들에게 알렸고, 셈과 야벳은 옷을 가져다가 자기들의 어깨에 메고 뒷걸음쳐 들어가 아버지의 하체를 덮덮고 그들의 얼굴로 아버지의 하체를 보지 않았습니다. 셈과 야벳에게 있어 옷은 아버지의 허물을 덮어주는 옷이었습니다. 우리들이 옷으로 할 수 있는 것은 무엇이 있을까요? 옷 두 벌 있는 자는 옷 없는 자에게 나눠 줄 것이요(눅3:11) 우리의 옷이 입는 용도로만 사용되지 않습니다. 우리의 옷으로 할 수 있는 것이 무엇이 있는지 말해볼까요?

19. 옷걸이 - 예수님께 내 인생을 걸라

네 길을 여호와께 맡기라 그를 의지하면 그가 이루시고 네 의를 빛 같이 나타내시며 네 공의를 정오의 빛 같이 하시리로다(시37:5-6)

오래전 신문에 학교를 소개하는 광고가 나왔습니다. 옷걸이를 크게 그려놓고 그 아래에 '여러분의 인생을 거세요. 건국대학교' 참 기발한 아이디어라고 생각했습니다. 생각해 보면 옷걸이에 옷을 걸듯 누구나 한 번쯤은 자신의 미래를 위해 어딘가에 인생을 걸어야 됩니다. 그것이 학벌일 수 있고, 대기업일 수 있고, 자신이 이루고자 하는 삶의 미래일 수 있습니다. 우리들은 어디에 인생을 걸어야 될까요? 예수 그리스도에게 인생을 거십시오.

"여러분, 여러분의 인생을 예수님께 거세요."

내 생애를 주님께 맡기면 주님이 책임져 주십니다. 주님께서 책임지지 못할 사람은 없습니다.

여호와께서 사람의 걸음을 정하시고 그의 길을 기뻐하시나니 그는 넘어지나 아주 엎드러지지 아니함은 여호와께서 그의 손으로 붙드심이로다 내가 어려서부터 늙기까지 의인이 버림을 당하거나 그의 자손이 걸식함을 보지 못하였도다(시37:23-25)

20. 세상을 바꿀 주인공 I am

바나바가 사울을 찾으러 다소에 가서 만나매 안디옥에 데리고 와서 둘이 교회에 일 년간 모여 있어 큰 무리를 가르쳤고 제자들이 안디옥에서 비로소 그리스도인이라 일컬음을 받게 되었더라(행11:25-26)

'런던 타임스'가 저명한 작가들에게 동일한 주제의 에세이를 부탁했습니다. '무엇이 이 세상의 문제인가?' 문제 많은 세상에 살다 보니 문젯거리가 아닌 것이 없어서 도대체 어디서부터 잘못되었는지 가늠하기조차 어렵게 되었으니 이런 질문이 필요했습니다. 이 질문에 대한 답은 바로 "나입니다(I am)." 왜 세상이 변하지 않는가? '나 때문입니다.' 왜 우리 집은 이 모양인가? '나 때문입니다.' 왜 교회는 그대로인가? '나 때문입니다.' 숱한 의문이 숨기고 있는 하나의 진실은 그 모든 것이 나와 관련이 있고 질문하는 바로 내가 문제 원인의 일부이며, 문제를 풀어야 하는 것은 다름 아닌 나라는 사실을 알게 되었다는 것입니다. 그들은 이제 질문을 바꾸어 물어보기로 했습니다.

'문제투성이 세상을 누가 치유할 수 있는가?' 대답은 동일하게 '나입니다(I am).'(국민일보 겨자씨) 나는 세상을 바꿀 수 있는 주인공도 되고, 세상을 어지럽게 할 수 있는 주인공도 될 수 있습니다. 성숙한 나는 가정을 긴장하게 세울 수 있는 주인공이 되고, 열정적인 나는 가족에게 꿈을 주는 주인공이 되고, 헌신적인 나는 가정을 예수 안에서 아름답게 살아가게 하는 주인공이 됩니다. 바로 그런 그리스도인이 되어주세요.

Chapter 3

몸으로 전하는 복음

'가방에 넣고 다니는 것들'

1. 가방 - 내 가방에는 무엇이 들었나요?

아브라함의 종이 그들의 말을 듣고 땅에 엎드려 여호와께 절하고 은금 패물과 의복을 꺼내어 리브가에게 주고 그의 오라버니와 어머니에게도 보물을 주니라(창24:52-53)

베드로가 이르되 은과 금은 내게 없거니와 내게 있는 이것을 네게 주노니 나사렛 예수 그리스도의 이름으로 일어나 걸으라 하고(행3:6)

아브라함이 그의 아들 이삭의 신부를 맞이하기 위해 준비한 은금 패물들이 종의 가방에 있었습니다. 리브가를 만났을 때 그와 그의 어머니에게 보물을 주었습니다. 우리들의 가방에는 무엇이 들어있나요? 어디를 가느냐에 따라 가방의 크기가 달라지고, 그 속의 내용물도 달라지겠지요. 아브라함의 종의 가방에는 은금 패물이 가득했지만 베드로의 가방에는 은금이 없었습니다. 나면서부터 못 걷게 된 자는 성전 미문에 앉아 베드로와 요한에게 무엇을 얻을까 하여 바라보았지만 그의 가방에는 줄 수 있는 것이 없었습니다. 주고 싶지만 내게 없으니 줄 수 없습니다. 베드로에게 은과 금은 없었지만 예수 그리스도의 이름은 충만했기에 내게 있는 것을 네게 주노니 나사렛 예수 그리스도의 이름으로 일어나 걸으라고 했습니다. 우리들의 가방도 베드로와 다르지 않을 것입니다. 은과 금은 없지만 예수 그리스도의 이름은 있습니다. 나의 가난함, 나의 연약함을 너무 부끄러워하지 마세요. 우리에게는 세상이 줄 수 없는 예수 그리스도가 있습니다. 그 이름의 능력을 믿으며 그 이름을 많이 나누어주는 사람으로 살면 좋겠습니다.

2. 주민등록증 - 천국의 시민권

> 그러나 우리의 시민권은 하늘에 있는지라 거기로부터 구원하는 자 곧 주 예수 그리스도를 기다리노니 그는 만물을 자기에게 복종하게 하실 수 있는 자의 역사로 우리의 낮은 몸을 자기 영광의 몸의 형체와 같이 변하게 하시리라(빌3:20-21)

저의 지갑에는 주민등록증이 있습니다. 주민등록증은 국가에서 공인한 것으로 내가 누구인지를 증명할 수 있는 자료가 됩니다. 주민등록증에는 사진과 함께 출생연도, 주소, 어디에서 발급했는지가 기록되어 있습니다. 대한민국 어디에 가든지 나를 증명할 수 있는 곳에 사용됩니다. 해외를 나갈 때는 여권을 통해 나를 증명합니다. 여권은 세계 어느 나라를 가도 내가 누구인지를 증명해 주는 자료가 됩니다. 제가 중국에 가서 오래 산다고 하여 중국 여권을 만들어주지 않습니다. 저는 한국 사람이기 때문입니다. 다른 나라에 가서 산다는 것은 그 나라의 시민이 된다는 것이 아니라 나그네로 사는 것입니다. 제게는 또 하나의 주민등록증이 있습니다. 바로 '천국 시민권'입니다. 예수 그리스도를 내 인생의 주와 구주로 고백한 후 저는 그 나라의 시민이 되었습니다. 지금은 천국의 시민권자로 이 땅에서는 나그네의 삶을 살아가고 있습니다. 여러분에게도 천국의 시민권이 있습니까? 아직 천국의 시민권을 소유하지 못했다면 지금도 늦지 않았습니다.

3. 이름표 - 나의 이름, 어디에 기록되어 있습니까?

무엇이든지 속된 것이나 가증한 일 또는 거짓말하는 자는 결코 그리로 들어가지 못하되 오직 어린 양의 생명책에 기록된 자들만 들어가리라(계 21:27)

중국 방문 중 '순자 묘'라고 하는 곳을 방문하게 되었습니다. 정치가요 사상가로서 지역에 큰 공헌을 한 분이라고 했습니다. 입구에 들어서자 그의 가문에서 북경대와 칭화대에 입학한 사람들의 명단을 돌에 새겨 놓았습니다. 자랑스러운 사람들이라 돌에 이름을 새겨 후대에 남기려고 했던 것 같습니다. 그곳에 이름이 새겨진 사람들은 더 없는 영광이었겠지요. 재미있는 것은 돌에 새겨진 이름 옆으로 자신의 이름을 낙서하고 간 사람들이 있었습니다. 북경대에 들어가지는 못했지만 이렇게 해서라도 흔적을 남기고 싶었던 모양입니다. 이 땅의 사람들은 북경대와 칭화대에 들어가는 것을 자랑스럽게 여겨 돌에 새겨놓았는데, 우리는 하나님의 나라 어린 양의 생명책에 이름이 기록되어 있는 것을 얼마나 감사하며 살았는지 돌아보게 되었습니다. 북경대보다도 못한 하나님의 나라로 생각하며 살지는 않았는지? 하나님의 나라에 이름이 기록된 것은 대수롭지 않게 생각하고 이 땅에서 좋은 대학, 좋은 기업에 들어가는 것만 자랑스럽게 생각하지는 않았는지 돌아보게 됩니다. 북경대와 칭화대는 공부 잘하고 노력하면 들어갈 수 있겠지만 하나님의 나라는 세상의 그 어떤 노력으로도 들어갈 수 없고, 오직 나를 위해 죽으신 어린 양 되신 예수 그리스도를 믿을 때만 들어갈 수 있는 나라입니다. 비록 이 땅에서 누군가에게 자랑할 만한 명문대는 나오지 못했지만, 어린 양의 생명책에 친히 이름을 기록해 주신 하나님의 은혜에 감사하며 살기를 원합니다.

4. 신용카드 - 믿음카드

믿음은 바라는 것들의 실상이요 보이지 않는 것들의 증거니 선진들이 이로써 증거를 얻었느니라(히11:1-2)

저의 지갑에는 신용카드가 있습니다. 성인 된 분들이라면 대부분 신용카드가 있을 것입니다. 중요한 것은 신용카드라고 다 똑같은 신용카드가 아니라는 것입니다. VIP 카드, VVIP, VVVIP 카드도 있습니다. 신용카드를 사용하는 사람의 사회적 지위와 신용도에 따라 사용할 수 있는 금액이 다르기 때문입니다. 그 사람의 카드 사용 액수를 결정하는 것은 본인이 결정할 수 있는 일이 아닙니다. 금융감독원을 통해 카드사에서 결정하는 것으로 알고 있습니다. 믿음에도 신용카드가 있다는 것을 알고 싶습니까? 하나님께서 사람을 통해 역사하실 때에도 처음부터 감당할 수 없는 수준의 일들을 행하지 않으십니다. 아브라함을 믿음의 조상이라고 부르지만 그가 처음부터 믿음이 좋았던 것은 아닙니다. 그에게도 불신앙의 시간이 있었고, 죄와 허물로 인생을 낭비했던 시간도 있었습니다. 그러나 그러한 과정을 통해 조금씩 믿음은 성장했고, *내가 이제야 하나님을 경외하는 줄을 아노라(창22:12)*하는 자리까지 이르게 되었습니다. 하나님과 신뢰를 쌓을 때 신용카드의 사용액수가 다른 것처럼 믿음의 역시도 다르다는 것을 기억하세요.

5. 운전면허증 - 자격을 갖추는 자

내 손을 가르쳐 싸우게 하시니 내 팔이 놋 활을 당기도다(시18:34)

주께서 나를 전쟁하게 하려고 능력으로 내게 띠 띠우사 일어나 나를 치는 자들이 내게 굴복하게 하셨나이다(시18:39)

제 지갑에는 운전면허증이 있습니다. 국가로부터 운전할 수 있는 자격이 있다고 인정을 받은 것이지요. 운전을 배워 운전할 줄 알지만 국가고시를 치르지 않고 운전면허증을 발급받지 않은 상태에서 운전하게 되면 자격 없는 자가 됩니다. 초보운전일지라도 면허증을 발급받고 운전을 해야 운전할 수 있는 자격이 주어지는 것입니다.

믿음의 사람들이여, '자격을 갖추는 자가 되세요.' 우리가 주의 일을 행할 때도 그냥 하면 안 됩니다. 그 자리에 합당한 자격을 갖추고 일하는 자가 되어야 합니다. 준비 없이 노력 없이 헌신 없이 부르심을 받았다고 일하면 안 됩니다. 다윗이 고백합니다.

"내 손을 가르쳐 싸우게 하셨고", "주께서 나를 전쟁하게 하시려고 능력으로 내게 띠 띠우셨습니다."

주께서 나를 사용하시기 위해 가르쳐 주셨다는 것입니다. 자격을 갖추는 자가 되어야 하나님이 원하시는 자리에 설 수 있습니다.

운전면허증이 있다고 운전을 잘하는 것 아닙니다. 운전은 잘하지만 인격이 준비되지 못하며 다른 사람들에게 피해를 주는 자들도 있습니다. 운전 실력만큼이나 인격의 실력도 갖추고, 자신이 하는 일에 자격을 갖추되 자리에 걸맞은 인격도 갖출 수 있기를 바랍니다.

6. 열쇠 - 인생의 열쇠 예수 그리스도

곧 살아 있는 자라 내가 전에 죽었었노라 볼지어다 이제 세세토록 살아 있어 사망과 음부의 열쇠를 가졌노니(계1:18)

빌라델비아 교회의 사자에게 편지하라 거룩하고 진실하사 다윗의 열쇠를 가지신 이 곧 열면 닫을 사람이 없고 닫으면 열 사람이 없는 그가 이르시되(계3:7)

열쇠는 닫힌 문을 여는 키가 되지만 내게 있는 열쇠가 모든 문을 열수 있는 것은 아닙니다. 내 손에 있는 열쇠는 내게 속한 것만 열 수 있습니다. 혹시 만능키가 있어 세상의 모든 문을 열 수 있을지라도 사람의 마음은 열 수 없고, 하늘의 문도 열 수 없으며, 인생에게 속한 생사화복의 문을 열 수 없습니다.

놀라운 사실은 이 모든 것의 열쇠를 가지신 분이 계십니다. 다윗의 열쇠를 가지신 분으로 예수 그리스도이십니다. 그가 열면 닫을 자가 없고 그가 닫으면 열 자가 없습니다. 그는 하늘의 구름을 주관하시고, 사람의 마음을 주장하시며, 인생의 태와 생명의 끝도 주관하십니다. 인생의 만능 키, 인생의 생명 키, 사람에게 있지 않고 하나님께 있습니다. 내 삶의 문을 여시는 분도 예수 그리스도이십니다.

7. 일만 원 - 그리스도인의 가치

우리가 사방으로 욱여쌈을 당하여도 싸이지 아니하며 답답한 일을 당하여도 낙심하지 아니하며 박해를 받아도 버린 바 되지 아니하며 거꾸러뜨림을 당하여도 망하지 아니하고 우리가 항상 예수의 죽음을 몸에 짊어짐은 예수의 생명이 또한 우리 몸에 나타나게 하려 함이라(고후4:8-10)

여러분 여기 일만 원이 있습니다. 만 원을 반으로 접겠습니다. 얼마일까요? 만 원입니다. 만 원을 완전히 접었습니다.

얼마일까요? 만 원입니다. (만 원을 꾸기면서) 만 원이 꾸겨졌습니다. 얼마일까요? 만 원입니다. (만 원의 일부를 찢으며) 만 원을 찢었습니다. 얼마일까요? 만 원입니다.

만 원에 더러운 것이 묻었습니다. 얼마일까요? 만 원입니다. 만 원이 땅에 떨어졌습니다. 얼마일까요? 만 원입니다. 만 원은 반으로 접어도, 꾸겨져도, 찢어져도, 더러운 것이 묻어도, 땅에 떨어져도 만 원입니다. 만 원의 가치는 변하지 않습니다.

마찬가지로 그리스도인은 넘어져도 그리스도인, 아파도 그리스도인, 망해도 그리스도인, 잘 안돼돼도 그리스도인입니다. 그리스도인의 가치는 변하지 않습니다. 나의 그리스도인 됨을 성공과 성취에서 찾으려 하지 말고 하나님의 말씀에서 찾으세요.

8. 거울 - 성경, 내 인생의 거울

누구든지 말씀을 듣고 행하지 아니하면 그는 거울로 자기의 생긴 얼굴을 보는 사람과 같아서(약1:23)

우리가 즐거워하고 크게 기뻐하며 그에게 영광을 돌리세 어린 양의 혼인 기약이 이르렀고 그의 아내가 자신을 준비하였으므로 그에게 빛나고 깨끗한 세마포 옷을 입도록 허락하셨으니 이 세마포 옷은 성도들의 옳은 행실이로다 하더라(계19:7-8)

아침에 일어나 거울을 보지 않는 사람은 없습니다. 외출하기 위해 거울을 보고, 화장하기 위해 거울을 보고, 내가 입은 모습을 위해 거울을 보고, 뒷모습은 보이지 않으니 거울을 통해 나의 뒷모습도 봅니다. 거울을 보면서 나를 단장하고, 예쁘고 멋진 옷을 입고 모델처럼 포즈도 취해봅니다. 음식을 먹고 난 후에는 입에 묻은 것은 없는지 보게 되는 것 또한 거울입니다.

우리에게는 또 하나의 거울이 있습니다. 성경입니다. 성경은 거울과 같아서 나의 모습을 보게 합니다. 성경은 나의 겉모습도 보게 하지만 나의 속사람도 보게 합니다. 성경은 우리들이 입어야 할 옷이 옳은 행실이리고 말씀히십니다. 옳은 행실은 거울로 볼 수 없습니다. 말씀의 거울인 성경을 통해서만 볼 수 있습니다. 내 손안에 든 거울, 성경입니다. 거울을 보며 하루를 시작하듯 내 손안에 성경의 거울을 통해 나를 봅니다.

9. 손수건 - 주님께서 우리의 눈물 닦아주세요

심지어 사람들이 바울의 몸에서 손수건이나 앞치마를 가져다가 병든 사람에게 얹으면 그 병이 떠나고 악귀도 나가더라(행19:12)

모든 눈물을 그 눈에서 닦아 주시니 다시는 사망이 없고 애통하는 것이나 곡하는 것이나 아픈 것이 다시 있지 아니하리니 처음 것들이 다 지나갔음이러라(계21:4)

'여기 손수건이 있어요. 이것으로 사용할 수 있는 것은 무엇이 있을까요?' 손수건은 닦는 것에 사용합니다. 눈물도 닦고, 콧물도 닦고, 더러운 것이 묻었을 때 닦습니다. 나의 눈물도 닦지만 친구의 눈물도 닦습니다. 이 손수건을 다르게 사용한 사람도 있습니다. 하나님께서는 바울의 손수건을 통해 병든 자를 치료하는 곳에 사용했습니다. 바울의 손수건에 능력이 있는 것이 아니라 하나님의 능력이 바울의 손에 들려진 손수건을 통해서 역사하신 것입니다. 우리의 손수건이 사람들의 병은 고칠 수 없을지라도 눈물 흘리는 사람의 마음은 닦아줄 수 있습니다.

제게 있어 손수건을 사용하는 또 다른 용도는 기도 시간에 사용합니다. 눈물을 흘리며 씨를 뿌리는 자는 기쁨으로 거두리로다(시126:5). 기도의 자리에서 눈물 흘릴 때 주님께서 닦아주세요. 땀을 흘린다는 것은 열심히 활동하고 있다는 뜻이니 감사하고, 눈물을 흘린다는 것은 아프기도 하지만 애통할 수 있다는 것이니 감사합니다. 우리들의 모든 눈물을 닦아주시는 주님이 계셔서 감사합니다. 예수님처럼 눈물 닦아주며 사는 사람 되게 해주세요.

10. 노트 - 기록되니라

> 히스기야의 남은 행적과 그의 모든 선한 일은 아모스의 아들 선지자 이사야의 묵시 책과 유다와 이스라엘 열왕기에 기록되니라(대하32:32)

열왕기에 나타난 왕들의 기록들을 보면 왕이 된 때와 그의 통치 기간을 자세히 기록하고 있습니다. 그가 사는 날 동안 여호와 보시기에 정직히 행하여 다윗의 길을 따랐는지 아니면 여호와 보시기에 악을 행하여 여로보암의 길을 따랐는지 그들의 생애를 기록해 놓았습니다.

이러한 기록들이 없었다면 누가 어떻게 살아왔는지 알 수 없었을 것입니다. 그러나 왕들의 삶과 업적을 기록해 놓으심으로 오늘을 사는 우리들에게 교훈하십니다. 그들의 끝을 통해 우리들의 삶을 결정하고, 하나님이 기뻐하시는 삶과 하나님 보시기에 악한 것이 무엇인지 분별하게 하십니다. 그들의 삶은 열왕기에만 기록된 것이 아니라 하나님에게 기록되어 있습니다. 우리의 삶도 기록되고 있습니다. 소아시아 일곱 교회들에게 말씀하실 때 "내가 안다."라라고 하십니다. "내가 네 행위와 수고와 네 인내를 알고", "내가 네 환난과 궁핍을 알거니와", "네가 어디에 사는지를 내가 아노니", "내가 내 사업과 사랑과 믿음과 섬김과 인내를 아노니", "내가 네 행위를 아노니"(계2:2). 아직 끝나지 않았습니다. 지금부디의 기록이 더 중요합니다. 이후의 발걸음에 아름다운 흔적을 남길 수 있기를 바랍니다.

11. 연필 - 하나님이 잡으신 연필

두려워하지 말라 내가 너와 함께 함이라 놀라지 말라 나는 네 하나님이 됨이라 내가 너를 굳세게 하리라 참으로 너를 도와 주리라 참으로 나의 의로운 오른손으로 너를 붙들리라(사41:10)

(연필을 손에 들고 설명합니다.) 연필을 통해 깨닫게 하시는 교훈이 있습니다. 연필은 흔적을 남깁니다. 좋은 흔적을 남기기도 하고 부끄러운 흔적을 남기기도 합니다. 우리에게 주어진 한 번의 생애 가운데 어떤 흔적을 남겨야 할지 생각해야 됩니다.
  연필은 쓰던 것을 멈추고 깎아야 하는 때를 만납니다. 당장은 좀 아프고 힘들지만 연필을 깎는 이유는 연필을 계속 사용하기 위해서입니다. 하나님께서는 나를 계속 사용하시기 위해 연필을 깎듯 내 삶을 연단하십니다. 연필에는 지우개가 달려 있습니다. 나의 실수를 바로잡아주고 다시 옳은 길을 걸어갈 수 있도록 지나온 삶을 지울 수 있게 도와주고 다시 시작할 용기를 줍니다. 연필에게 중요한 것은 겉이 아니라 속에 있습니다. 겉이 아무리 좋아도 속에 있는 심이 좋지 않으면 사용할 수 없습니다. 사람도 겉이 아니라 속이 좋아야 합니다.
  연필은 혼자서는 아무것도 할 수 없고 누군가 그 연필을 사용해야지만 들려질 수 있습니다. 그때 연필을 이끄는 손과 같은 존재가 내게 있습니다. 우리는 그 존재를 하나님이라 부르고 하나님께서는 언제나 연필과 같은 나를 그분의 뜻대로 사용하십니다. 하나님의 손에 붙들린 연필이 되세요. 내 인생을 하나님께서 원하시는 곳에 쓰실 수 있도록 내어 드리세요. 오늘 내게 말씀하십니다. 두려워하지 말라 내가 너와 함께 함이라 놀라지 말라 나는 네 하나님이 됨이라 내가 너를 굳세게 하리라 참으로 너를 도와주리라 참으로 나의 의로운 오른손으로 너를 붙들리라 나는 하나님의 오른손에 들려진 연필입니다.

12. 노트북 - 키보드 묵상

> 나의 반석이시요 나의 구속자이신 여호와여 내 입의 말과 마음의 묵상이 주님 앞에 열납되기를 원하나이다 (시19:14)

작은 노트북 안에 별난 세상이 있습니다. 세상을 볼 수 있는 창문이 있고, 무엇이든지 내가 원하는 대로 기록할 수 있는 키보드가 있습니다. 그 키보드 안에서 연약한 우리의 인생을 발견하게 되었습니다. 아무리 좋은 컴퓨터라 할지라도 Power를 켜지 않으면 사용할 수 없듯이 내 인생도 주님께서 힘 주지 아니하시면 아무것도 할 수 없음을 깨닫게 됩니다. Insert(끼워 넣다) 내 인생을 주님이 필요로 하시는 곳에 사용될 수 있도록 끼워주시고 수정해 주십시오. Delete(삭제하다) 혹시라도 범죄하여 주님의 근심이 되었을 때 예수님의 보혈의 피로 용서해주십시오. 기도하면 나의 인생을 Up(위로) 높여주시고, 때론 Dn(아래)낮추기도 하시며, F1(Help)내 곁에서 나를 도와주십시오.

살다 보면 End(끝) 끝이라는 생각이 들 때도 있지만, Space(여백) 조금만 여유를 가지고 계속 믿음의 길을 걷다 보면 언젠가는 Home(집) 우리의 집 하늘나라에 이르게 될 것입니다. 참 신기합니다. 별의별 것을 통해서 하나님을 느끼게 하시고 하나님을 찬양하게 하십니다. '키보드'를 통해서 하나님을 묵상하게 하십니다. 인터넷 '즐겨찾기'를 통해서 내가 즐겨 찾는 곳이 무엇인지 바라보게 하십니다. 하나님을 예배하는 곳은 즐겨 찾지 않으면서 유흥과 오락을 통해 나의 즐거움을 주는 곳만 즐겨찾기를 하고 있지 않은지 돌아보게 하십니다. 내가 살아가는 삶의 현장에서 주님을 묵상해 보세요. 별의별 것을 통해서도 하나님을 느끼게 하시고 하나님을 생각하게 하십니다.

13. 대일밴드 - 우리의 영혼까지 치유하시는 예수님의 밴드

침상에 누운 중풍병자를 사람들이 데리고 오거늘 예수께서 그들의 믿음을 보시고 중풍병자에게 이르시되 작은 자야 안심하라 네 죄 사함을 받았느니라(마9:2)

침상에 누운 중풍병자를 사람들이 데리고 예수님께 왔습니다. 중풍병자 스스로 할 수 없으니 네 사람이 그를 데리고 예수님께로 갔고 무리들이 많아 들어갈 수 없으니 지붕을 뜯어 구멍을 내고 중풍병자가 누운 상을 예수님이 계신 곳으로 내렸습니다. 예수님께서 그들의 믿음을 보시고 고쳐주시면서 작은 자야 안심하라 네 죄 사함을 받았느니라고 하셨습니다. 이 말씀을 읽은 딸이 제게 말했습니다.

'아빠, 중풍병자에게 "네 병이 나았다." 하지 않으시고, 왜 "죄 사함을 받았느니라."라고 하셨을까요?' 예수님께서는 그의 몸도 고쳐주시고 그의 마음의 병도 고쳐주셨기 때문이라고 했습니다. 모든 병이 그런 것은 아니지만 죄 때문에 오는 병도 있었고 예수님께서 하신 말씀을 통해 그의 중풍병은 죄와 관계가 있는 것으로 보여진다고 했습니다. 하나님께 감사한 것은 대일밴드는 상처 난 부분을 감싸주지만 예수님은 그 마음의 짐까지도 고쳐주십니다. 예수님에게는 다른 사람들이 할 수 없는 것을 하십니다.

인자가 땅에서 죄를 사하는 권세가 있는 줄을 너희로 알게 하려 하노라고 하셨습니다. 우리 몸의 상처뿐 아니라 마음의 죄와 허물까지도 용서해 주시는 대일밴드, 예수님의 손에 있습니다.

14. 반짇고리 - 찢으셨으나 싸매어 주시는 하나님

오라 우리가 여호와께로 돌아가자 여호와께서 우리를 찢으셨으나 도로 낫게 하실 것이요 우리를 치셨으나 싸매어 주실 것임이라(호6:1)

아이들의 가방에는 없지만 엄마의 가방에는 있는 것이 있습니다. 평상시에는 잘 사용하지 않는 것들이지만 긴급한 상황이 되면 필요한 이것은 무엇일까요? '바늘, 실, 골무, 헝겊 등 바느질 도구를 담는 그릇'이라고 부릅니다. 정답은 '반짇고리'입니다.

나라의 부름을 받고 육군 훈련소에 입소하는 날 부대 앞에 반짇고리를 파는 아주머니들이 있었습니다. 군대에 들어가면 필요하다며 꼭 필요한 필수품이라고 했습니다. 단순하게 생각해 보면 명찰도 달아야 하고, 계급장도 달아야 하고, 훈련하다 옷이 찢어지면 꿰매야 하니 필요하다고 생각했습니다. 부대에 입소하는 많은 장병들과 부모님들이 그들의 말을 듣고 구입을 했고 저도 구입을 했습니다. 부대에 입소하는 날 보급품을 나누어 주는데 그곳에는 반짇고리도 있었습니다. 국가의 부름을 받은 순간부터 모든 것은 국가가 책임진다는 것을 알고 있었지만 장사하는 아주머니의 상술에 속아 비싼 값을 주고 구입을 했네요.

반짇고리는 찢어진 옷만 꿰매주지만 우리 하나님께서는 마음까지도 꿰매주십니다. 하나님께서 치료하지 못할 상처는 없고 하나님께서 품지 못할 인생도 없습니다. 반짇고리는 내 인생을 싸매주시고 온전하게 하시는 하나님을 생각나게 합니다.

15. 손톱깎기 - 손을 깨끗이 하라

하나님을 가까이하라 그리하면 너희를 가까이하시리라 죄인들아 손을 깨끗이 하라 두 마음을 품은 자들아 마음을 성결하게 하라(약4:8)

매일 면도를 해도 다음 날이 되면 또다시 자라있습니다. 손톱도 왜 이리 빨리 자라는지 한 주만 지나면 일하기에 불편한 만큼 자라 노트북을 사용하는데 불편함을 느낍니다. 얼굴의 수염과 손톱과 발톱을 보면서 깨닫게 하신 것 있습니다. 나의 얼굴에 수염이 자라듯 날마다 죄가 자랍니다. 손톱과 발톱이 자라듯 내 속에 죄가 자랍니다. 매일 자라는 수염을 내가 어찌할 수는 없지만 면도는 할 수 있고, 자라난 손톱과 발톱은 깎을 수는 있습니다. 매일 면도를 하듯, 손톱과 발톱을 깎듯 죄를 회개하며 깨끗한 마음으로 살겠습니다. 불편한 마음으로 오늘을 맞이하지 않고 날마다 깨끗한 마음과 손으로 하루를 맞이하겠습니다.

16. 충전기 - 내 영혼의 충전기 예수 그리스도

여호와는 나의 목자시니 내게 부족함이 없으리로다(시23:1)

하루 일과가 끝나고 저녁 잠자리에 들기 전 습관처럼 하는 일이 있습니다. 핸드폰을 충전하는 일입니다. 번거로운 일이기는 하지만 날마다 충전하지 않으면 사용할 수 없습니다. 노트북은 이동이 가능하고 코드에 연결하지 않고도 사용할 수 있다는 장점이 있지만 이것 역시 일정한 시간이 지나면 충전을 해야 사용할 수가 있습니다. 어디 제품뿐이겠습니까? 운동선수들도 치열한 경기를 치른 후에는 쉼을 갖습니다. 다음 경기를 위해 충전을 하고 있는 것이지요.

우리들도 하루의 일과를 마치고 저녁에는 쉼을 갖습니다. 내일을 위해 충전을 하고 있는 것입니다. 우리의 영혼에도 충전이 필요합니다. 몸은 쉼으로 회복할 수 있지만 영혼은 쉼으로 회복되지 않습니다. 우리 영혼의 충전기는 어디일까요? 우리 영혼의 충전기는 예수 그리스도이십니다. 우리는 그분으로부터 날마다 새 힘을 공급받고 살아갈 힘을 얻습니다. 날마다 충전하지 않아도 계속 사용할 수 있는 비결이 있습니다. 노트북이 코드에 연결되어 있으면 1년 365일 똑같은 힘을 공급받을 수 있고, 약해지거나 꺼지는 일이 없습니다. 우리의 삶도 예수 그리스도와 연결되어 있을 때 한결같은 능력을 공급받게 됩니다. 나는 예수 그리스도와 연결되어 있습니까?

17. 수정테이프 - 야곱을 이스라엘로

그가 이르되 네 이름을 다시는 야곱이라 부를 것이 아니요 이스라엘이라 부를 것이니 이는 네가 하나님과 및 사람들과 겨루어 이겼음이니라(창 32:28)

하나님께서는 야곱과 새로운 관계를 원하셨을 때 그의 이름을 바꾸어 주셨습니다. 야곱은 '발꿈치 잡는 자', '속이는 자'의 뜻이고, 이스라엘은 '하나님과 겨루어 이긴 자'라는 뜻입니다. 하나님께서는 야곱이 지난날의 삶의 방식이었던 속이는 자로 사는 것이 아니라, 하나님과 겨루어 이긴 자로 살게 하셨습니다.

자신의 방식이 아니라 하나님을 의지하는 삶의 방식으로 살라는 하나님의 사인이었습니다. 야곱에게 이스라엘이라는 새 이름을 주신 것처럼 우리들에게도 새 이름을 주셨습니다. 우리를 '성도, 의인, 거룩한 족속, 왕 같은 제사장, 하나님의 소유된 백성'(벧전2:9)으로 부르십니다.

또 하나의 이름이 있습니다. 그리스도인입니다. '그리스도인'이라는 이름은 하나님이 붙여주신 이름이 아닙니다. 안디옥에 있는 사람들이 교회에 있는 사람들을 향해 부른 이름입니다.

바나바가 사울을 찾으러 다소에 가서 만나매 안디옥에 데리고 와서 둘이 교회에 일 년간 모여 있어 큰 무리를 가르쳤고 제자들이 안디옥에서 비로소 그리스도인이라 일컬음을 받게 되었더라(행11:25-26).

나의 또 다른 이름은 그리스도인입니다. 지금의 나를 그리스도인으로 수정시켜주셨습니다.

우리들의 인생은 BC와 AD로 나눌 수 있습니다. 예수 그리스도를 믿기 전과 예수 그리스도를 믿고 난 후로 나눕니다.

Chapter 4
숫자로 전하는 복음

1. 0 - 하나님은 영이시니

태초에 하나님이 천지를 창조하시니라 땅이 혼돈하고 공허하며 흑암이 깊음 위에 있고 하나님의 영은 수면 위에 운행하시니라(창1:1-2)

하나님이 모세에게 이르시되 나는 스스로 있는 자이니라 또 이르시되 너는 이스라엘 자손에게 이같이 이르기를 스스로 있는 자가 나를 너희에게 보내셨다 하라(출3:14)

숫자는 '0'에서부터 시작합니다. 아무것도 없는 곳에서 하나님이 시작하셨습니다. 그래서 하나님은 자신을 가리켜 '스스로 있는 자'라 하셨습니다. 세상과 사람은 하나님께서 시작하신 그 자리에서 출발합니다. 하나님께서 만들어 놓으신 자리에서 생육하고 번성하고 충만하고 정복하라 하십니다. 사람들을 통해 세상이 점점 발전할 수 있었던 이유는 사람을 하나님 닮게 하셨기 때문입니다. 하나님의 창조의 능력을 사람에게 주셔서 그 능력을 마음껏 발휘하게 하셨습니다. 사람이 무엇을 하든지 그 출발은 하나님께 있습니다. 그래서 하나님은 '0순위'이십니다. 숫자 0은 하나님 0순위입니다.

하나님은 영이시니 예배하는 자가 영과 진리로 예배할지니라(요4:24)

2. 1 - 하나님은 한 분이십니다

서기관 중 한 사람이 그들이 변론하는 것을 듣고 예수께서 잘 대답하신 줄을 알고 나아와 묻되 모든 계명 중에 첫째가 무엇이니이까 예수께서 대답하시되 첫째는 이것이니 이스라엘아 들으라 주 곧 우리 하나님은 유일한 주시라 네 마음을 다하고 목숨을 다하고 뜻을 다하고 힘을 다하여 주 너의 하나님을 사랑하라 하신 것이요(막12:28-30)

숫자 1은 첫째를 가리킵니다. 첫째는 하나님이십니다. 모든 근원의 시작이시며 으뜸이 되십니다. 우리는 무엇을 하든지 첫째는 하나님이 되어야 합니다. 너희는 먼저 그의 나라와 그의 의를 구하라(마6:33).
하나님은 오직 유일하신 분이십니다.
이스라엘아 들으라 우리 하나님 여호와는 오직 유일한 여호와이시니(신6:4). 예수님은 부활의 첫 열매가 되셨습니다.
그러나 이제 그리스도께서 죽은 자 가운데서 다시 살아나사 잠자는 자들의 첫 열매가 되셨도다(고전15:20). 예수님은 단번에 드리심으로 구원을 이루셨습니다.
이 뜻을 따라 예수 그리스도의 몸을 단번에 드리심으로 말미암아 우리가 거룩함을 입었노라(히10:10). 인생의 처음 것은 모두 하나님의 것입니다.
너는 태에서 처음 난 모든 것과 네게 있는 가축이 태에서 처음 난 것을 다 구별하여 여호와께 돌리라 수컷은 여호와의 것이니라(출13:12).
인생의 모든 첫째는 하나님이십니다. 숫자 1은 첫째입니다.

3. 2 - 둘은 연합입니다

이러므로 남자가 부모를 떠나 그의 아내와 합하여 둘이 한 몸을 이룰지로다(창2:24)

숫자 2는 연합입니다. 남자와 여자가 결혼하여 한 몸이 되게 하셨습니다. 가정은 하나님께서 친히 만드신 최초의 공동체입니다. 하나님은 혼자 사는 것보다 함께 사는 것이 보기에 좋다고 하셨습니다. 부부의 날은 5월 21일입니다. '21'은 둘이 만나 하나가 되었다는 뜻입니다. 하나가 일치라면 둘은 나뉘는 것이니 분리가 됩니다. 둘이 다시 하나로 합쳐지는 것을 하나가 되었다고 합니다.

여호와의 말씀이 또 내게 임하여 이르시되 인자야 너는 막대기 하나를 가져다가 그 위에 유다와 그 짝 이스라엘 자손이라 쓰고 또 다른 막대기 하나를 가지고 그 위에 에브라임의 막대기 곧 요셉과 그 짝 이스라엘 온 족속이라 쓰고 그 막대기들을 서로 합하여 하나가 되게 하라 네 손에서 둘이 하나가 되리라(겔37:15-17).

나누어진 마음들이 하나님의 손안에서 다시 하나가 될 수 있습니다. 그 외에도 하나님이 두 큰 광명체를 만들어 낮과 밤을 주관하게 하셨습니다(창1:16). 죄인을 정죄할 때 두 증인을 세웠습니다(신19:15). 이스라엘 백성은 두 마음을 품어 죄를 범했습니다(호10:2). 예수께서 모든 천사들과 함께 다시 오실 때 양과 염소로 나누십니다(마25:32). 숫자 2는 연합입니다.

4.3 - 삼위일체 하나님

그러므로 너희는 가서 모든 민족을 제자로 삼아 아버지와 아들과 성령의 이름으로 세례를 베풀고(마28:19)

서로 불러 이르되 거룩하다 거룩하다 거룩하다 만군의 여호와여 그의 영광이 온 땅에 충만하도다 하더라(사6:3)

숫자 3은 성부 성자 성령 삼위일체 하나님을 나타냅니다. 셋은 완전함이며 셋은 하나님의 세계입니다. 셋 안에 하나가 있고, 하나 안에 셋이 포함되어 있습니다. 셋은 서로 사랑하며 섬깁니다. 노아의 방주는 3층으로 되어 있고 상중하 삼층으로 할지니라(창6:16).

요나는 물고기 뱃속에서 3일간 있었습니다. 요나가 밤낮 삼 일을 물고기 뱃속에 있으니라(욘1:17). 다니엘은 하루 세 번 무릎을 꿇고 기도했습니다(단6:10). 예수님은 '왕 선지자 제사장' 세 가지 직분을 담당하셨고, 금요일 오후 3시에 십자가에 못 박혀 죽으셨다가(마27:46) 3일 만에 부활하셨습니다(고전15:4). 한 사람이면 패하겠거니와 두 사람이면 맞설 수 있나니 세 겹 줄은 쉽게 끊어지지 아니하느니라(전4:12).

삼위일체 하나님과 연결되어 있는 사람은 끊어지지 않습니다. 누가 우리를 그리스도의 사랑에서 끊으리요…그러나 이 모든 일에 우리를 사랑하시는 이로 말미암아 우리가 넉넉히 이기느니라(롬8:35-37). 숫자 3은 성부 성자 성령입니다.

5. 4 - 동서남북

강이 에덴에서 흘러 나와 동산을 적시고 거기서부터 갈라져 네 근원이 되었으니(창2:10)

롯이 아브람을 떠난 후에 여호와께서 아브람에게 이르시되 너는 눈을 들어 너 있는 곳에서 북쪽과 남쪽 그리고 동쪽과 서쪽을 바라보라(창13:14)

숫자 4는 하나님이 창조하신 세계를 의미합니다. 하나님이 아름답게 만드신 에덴동산에 강 하나가 흘러나와 동산을 적시고 그것이 갈라져 네 줄기의 강을 이루었습니다. 봄 여름 가을 겨울을 세상에 두셨습니다. 세상의 공간을 동서남북으로 표현하셨습니다.

예수님의 생애와 삶을 기록한 복음서가 마태, 마가, 누가, 요한을 통해 사복음서로 되어 있고, 예수님의 이야기는 땅 끝까지 증거 되었습니다. 하나님의 보좌 앞에 찬양하는 네 생물이 있습니다. 보좌 앞에 수정과 같은 유리 바다가 있고 보좌 가운데와 보좌 주위에 네 생물이 있는데 앞뒤에 눈들이 가득하더라(계4:6).

땅에 사는 우리들은 하늘의 이야기를 다 이해할 수 없으니 신비롭기만 합니다. 삭개오는 예수님을 만난 후 만일 누구의 것을 속여 빼앗은 일이 있으면 네 갑절이나 갚겠나이다(눅19:8)라고 했습니다. 은혜를 깨닫고 나면 세상의 원리가 아니라 하늘의 원리로 살아간다는 것을 깨닫습니다. 숫자 4는 하나님이 창조하신 세상입니다.

6. 5 - 은혜와 기적

무리를 명하여 잔디 위에 앉히시고 떡 다섯 개와 물고기 두 마리를 가지사 하늘을 우러러 축사하시고 떡을 떼어 제자들에게 주시매 제자들이 무리에게 주니 다 배불리 먹고 남은 조각을 열두 바구니에 차게 거두었으며 먹은 사람은 여자와 어린이 외에 오천 명이나 되었더라(마14:19-21)

숫자 5는 은혜와 기적입니다. 물고기 두 마리와 떡 다섯 개로 오천 명을 먹이신 것은 먹고 배부르게 하기 위함이 아니라 예수님이 생명의 떡이심을 보여주신 것입니다. 예수께서 이르시되 나는 생명의 떡이니 내게 오는 자는 결코 주리지 아니할 터이요 나를 믿는 자는 영원히 목마르지 아니하리라(요6:35). 숫자 5는 하나님을 경외하는 자들에게 주시는 놀라운 능력입니다. 또 너희 다섯이 백을 쫓고 너희 백이 만을 쫓으리니(레26:8). 달란트 비유에서 숫자 5는 충성입니다.

다섯 달란트 받은 자는 바로 가서 그것으로 장사하여 또 다섯 달란트를 남기고(마25:16). 우리의 손가락은 다섯 개입니다. 손가락 힘이 부족할 때 주먹을 쥐면 힘이 생기고 손을 펴면 나눔이 됩니다. 숫자 5는 은혜와 기적입니다.

7. 6 - 사람과 사탄

하나님이 지으신 그 모든 것을 보시니 보시기에 심히 좋았더라 저녁이 되고 아침이 되니 이는 여섯째 날이니라(창1:31)

지혜가 여기 있으니 총명한 자는 그 짐승의 수를 세어 보라 그것은 사람의 수니 그의 수는 육백육십육이니라(계13:18)

숫자 6은 사람과 사탄의 숫자로 나타납니다. 숫자 6은 하나님께서 세상을 아름답게 만드신 날의 수입니다. 하나님께서는 여섯째 날에 사람을 만드셨습니다. 숫자 6에 6이 점점 더해져 666이 되면 적그리스도 곧 사탄의 수가 됩니다. 하나님의 사람 이마에는 어린 양의 이름과 그 아버지의 이름을 쓴 것이 있다면(계14:1)

사탄은 자기의 사람들에게 짐승의 수를 새깁니다. 사탄은 하나님 흉내 내기를 좋아합니다. "하나님께서 미워하시는 것 곧 그의 마음에 싫어하시는 것이 예닐곱 가지"라고 하셨습니다. 교만한 눈과 거짓말하는 혀, 상하게 하는 손, 악한 마음, 순종하지 않는 발, 이간질하는 사람입니다(잠6:16-19). 우리는 하나님의 사람이 되든지 사탄의 사람이 되든지 둘 중 하나의 사람이 됩니다. 숫자 6은 사람과 사탄입니다.

8. 7 - 충만함, 완전함 그리고 순종

하나님이 그가 하시던 일을 일곱째 날에 마치시니 그가 하시던 모든 일을 그치고 일곱째 날에 안식하시니라 하나님이 그 일곱째 날을 복되게 하사 거룩하게 하셨으니 이는 하나님이 그 창조하시며 만드시던 모든 일을 마치시고 그 날에 안식하셨음이니라(창2:2-3)

숫자 7은 충만함, 완전함을 상징한 수입니다. 하나님께서 하시던 창조를 7일 동안 이루셨고 일곱째 날에는 모든 일을 마치시고 안식하시며 그날을 복되고 거룩하게 하셨습니다. 하나님의 성막에서 섬기는 자로 있을 제사장의 위임식은 칠일 동안 진행되었습니다(출29:35).

이스라엘 백성들이 여리고 성을 정복하게 하셨을 때 매일 한 바퀴씩 돌던 성을 일곱째 날에는 성 주변을 일곱 바퀴 돌았고 여리고 성은 무너졌습니다(수6:4). 숫자 7은 순종입니다. 아람의 군대장관 나아만은 하나님의 사람의 말대로 요단 강에 일곱 번 몸을 잠그니 그의 살이 회복되었고(왕하5:14), 문둥병자는 진 안에 들어온 지 7일 만에 다시 옷을 빨고 몸을 씻으면 정하리라 했습니다(레14:9). 숫자 7은 정결 예식입니다.

베드로가 형제가 내게 죄를 범하면 몇 번이나 용서하여 주리이까 일곱 번까지 하오리이까라고 질문했을 때 예수님께서는 일곱 번뿐 아니라 일곱 번을 일흔 번까지라도 할지라(마18:21-22) 하셨으니 숫자 7은 용서입니다. 숫자 7 안에는 충만함과 완전함, 온전함이 있습니다.

9. 8 - 구원, 새로운 출발

그 아들 이삭이 난 지 팔 일 만에 그가 하나님이 명령하신 대로 할례를 행하였더라(창21:4)

그들은 전에 노아의 날 방주를 준비할 동안 하나님이 오래 참고 기다리실 때에 복종하지 아니하던 자들이라 방주에서 물로 말미암아 구원을 얻은 자가 몇 명뿐이니 겨우 여덟 명이라(벧전3:20)

숫자 8은 구원, 새로운 출발, 새 창조를 의미합니다. 하나님의 백성으로 구별되었다는 뜻으로 난 지 팔 일 만에 할례를 명하셨습니다. 바울도 할례를 받았고(빌3:5), 예수님께서도 할례를 받으셨습니다(눅2:21).

노아의 홍수 때 살아남아 구원받은 사람은 모두 8명이었습니다. 예수님께서 부활하신 날은 안식 후 첫날이었으니 제8일 새벽이 되는 시간이었습니다. 산상수훈의 말씀은 팔복으로 되어 있습니다(마5:1-12).

그리스도인은 구원받음으로 끝나지 않습니다. 구원받은 후 어떻게 살아야 되는지도 말씀해 주셨습니다. 숫자 8은 구원입니다.

10. 9 - 열매

오직 성령의 열매는 사랑과 희락과 화평과 오래 참음과 자비와 양선과 충성과 온유와 절제니 이같은 것을 금지할 법이 없느니라(갈5:22-23)

좋은 나무가 나쁜 열매를 맺을 수 없고 못된 나무가 아름다운 열매를 맺을 수 없느니라 아름다운 열매를 맺지 아니하는 나무마다 찍혀 불에 던져지느니라 이러므로 그들의 열매로 그들을 알리라(마7:18-20)

숫자 9는 성령의 아홉 가지 열매입니다. 성령의 아홉 가지 열매는 예수님의 성품을 닮으라는 주님의 요구사항입니다.

예수님께서는 그들의 열매로 그들을 알리라 하셨고, 나는 포도나무요 너희는 가지라 그가 내 안에, 내가 그 안에 거하면 사람이 열매를 많이 맺나니 나를 떠나서는 너희가 아무 것도 할 수 없음이라(요15:5) 하셨습니다.

열매가 곧 나의 모습입니다. 오직 너희를 부르신 거룩한 이처럼 너희도 모든 행실에 거룩한 자가 돼라. 기록되었으되 내가 거룩하니 너희도 거룩할지어다 하셨느니라(벧전1:15-16) 거룩함은 신앙의 완성입니다. 숫자 9는 열매입니다.

11. 10 - 십계명

하나님이 이 모든 말씀으로 말씀하여 이르시되 나는 너를 애굽 땅, 종 되었던 집에서 인도하여 낸 네 하나님 여호와니라(출20:1-2)

숫자 10은 우리에게 주신 하나님의 계명입니다. 하나님의 사람들이 하나님의 사람답게 살도록 주신 약속이 있는 말씀입니다. 야곱의 외삼촌은 열 번이나 야곱의 품삯을 바꾸었습니다(창31:41). 하나님께서 이스라엘 백성들을 구원하시기 위해 애굽에 내린 재앙은 10재앙이었습니다(출12:29). 이스라엘 사람들이 정탐꾼의 보고를 듣고 낙담하여 가나안에 들어가기를 꺼려 할 때 여호와께서 말씀하셨습니다.

내 영광과 애굽과 광야에서 행한 내 이적을 보고서도 이같이 열 번이나 나를 시험하고 내 목소리를 청종하지 아니한 그 사람들은(민14:22).

숫자 10은 하나님의 계명이요 구원의 숫자도 되었지만, 불순종의 표시가 되기도 했습니다. 숫자 10은 동전 열 개를 가진 여인이 잃어버린 동전 하나를 찾아내는 것처럼 열은 하나님께서 자녀 중 어느 하나도 잃어버리지 않는다는 것을 말해줍니다(눅15:8-10). 하나님께서는 10계명을 주셨고, 계명을 어기는 자들이 돌아와 회개할 때까지 오래 참으시며 기회를 주시며(벧후3:9), 여인이 동전을 찾듯 잃어버린 우리 영혼을 찾으십니다. 잃어버린 자를 찾는 것 이제는 우리가 해야 할 일입니다. 숫자 10은 계명입니다.

12. 11 - 용서

유월절 전에 예수께서 자기가 세상을 떠나 아버지께로 돌아가실 때가 이른 줄 아시고 세상에 있는 자기 사람들을 사랑하시되 끝까지 사랑하시니라(요13:1)

예수께서 이 말씀을 하시고 심령이 괴로워 증언하여 이르시되 내가 진실로 진실로 너희에게 이르노니 너희 중 하나가 나를 팔리라 하시니(요13:21)

숫자 11은 용서입니다. 예수님은 제자 열두 명을 뽑으셨고 열두 제자들의 발을 씻겨주셨습니다. 예수님은 제자들을 사랑했지만 유다는 예수님을 사랑하지 않았습니다. 예수님은 유다에게 떡을 주었지만 유다는 그것을 받고 나갔고 돌아오지 않았습니다(요13:30).

예수님은 십자가에 달려 죽으셨고, 다른 열한 명의 제자들도 모두 예수님을 떠났습니다(마26:56). 부활하신 예수님은 제자들을 찾아가셨습니다. 제자들을 용서해 주셨고 다시 제자로 살아갈 수 있도록 기회를 주셨습니다. 숫자 11은 용서입니다.

13. 12 - 하나님의 나라

예수께서 그의 열두 제자를 부르사 더러운 귀신을 쫓아내며 모든 병과 모든 약한 것을 고치는 권능을 주시니라(마10:1)

그 성의 성곽에는 열두 기초석이 있고 그 위에는 어린 양의 열두 사도의 열두 이름이 있더라(계21:14)

숫자 12는 하나님의 나라를 보게 합니다. 12는 야곱의 열두 아들로 이스라엘은 열두 지파가 되게 하셨고 열둘은 이스라엘 백성 전체를 가리킵니다(창35:22, 49:28). 열두 기둥(출24:4), 대제사장의 열두 보석(출28:21, 39:14), 열두 정탐꾼(신1:23), 예수님 열두 사도(마10:1), 천국의 열두 기초석(계21:14) 모두 열둘로 되어 있습니다. 일 년이 열두 달로 되어 있는 것도 신기합니다.

숫자 12은 하나님의 자녀들의 숫자를 상징합니다. 예수님께서는 승천하신 후 우리를 위해 집을 준비하고 계십니다. 다시 오시는 날 우리를 그곳으로 인도하셔서 영원히 주님과 함께 살게 하십니다(요14:2-3).

그곳은 더 이상의 고통이나 눈물이 없는 곳으로. 열두 종류의 열매를 맺는 생명나무와, 열두 개의 빛나는 문이 있습니다. 그곳에 태양은 없습니다. 하나님이 우리의 빛이 되십니다(계22:2).

14. 30 - 헌신

> 곧 삼십 세 이상으로 오십 세까지 회막의 일을 하기 위하여 그 역사에 참가할 만한 모든 자를 계수하라(민4:3)

> 예수께서 가르치심을 시작하실 때에 삼십 세쯤 되시니라(눅3:23)

레위 지파로 성전 봉사를 시작할 수 있는 나이가 삼십 세였습니다. 사람으로서의 인격과 삶의 성숙이 이루어지는 나이로 본 듯합니다.

인생의 가장 황금기가 되는 시간을 하나님께 드리는 의미로 여겨집니다. 예수님께서 가족을 떠나 공생애를 시작하신 나이도 삼십 세쯤 되었다고 기록하신 것을 보면 나이 삼십은 하나님의 영광을 위해 헌신하기에 좋은 나이입니다.

삼십이 아직 안 된 젊은이들은 그날에 쓰임을 위해 준비하는 시간으로 보내고, 삼십이 되었을 때는 자신의 삶을 드리고, 그 이후의 시간에는 주께 헌신하는 자들을 양육하면서 평생 주님 앞에 사는 사람이 되어야 되겠습니다. 숫자 30은 헌신입니다.

15. 38 - 안식

예루살렘에 있는 양문 곁에 히브리 말로 베데스다라 하는 못이 있는데 거기 행각 다섯이 있고 그 안에 많은 병자, 맹인, 다리 저는 사람, 혈기 마른 사람들이 누워 물의 움직임을 기다리니…거기 서른여덟 해 된 병자가 있더라(요5:2-5).

숫자 38은 안식입니다. 예수님은 베데스다 연못에서 병 낫기를 기다리는 한 사람을 보셨습니다. 그는 38년 동안 병을 앓고 있었습니다. 병이 오래되었다는 것은 치료가 불가능하다는 뜻도 됩니다. 예수님은 그에게 "일어나라 네 자리를 들고 걸어가라" 하셨고 그는 일어나 걷게 되었습니다. "이날은 안식일"이었습니다. 유대인들은 안식일에 예수님이 일한다고 박해했지만 예수님은 38년 동안 고침을 받지 못했던 자를 안식일에 고쳐주심으로 그의 인생에 참된 안식을 주셨습니다. 그 후에 성전에서 그 사람을 만나 말씀하셨습니다.

보라 네가 나았으니 더 심한 것이 생기지 않게 다시는 죄를 범하지 말라

고침 받은 자리에서 일어나는 것으로 끝나면 안 됩니다. 죄를 범하지 않고 예수 그리스도 안에서 사는 것인 진정한 치유이며 안식입니다. 숫자 38은 안식입니다.

16. 40 - 훈련

네 하나님 여호와께서 이 사십 년 동안에 네게 광야 길을 걷게 하신 것을 기억하라 이는 너를 낮추시며 너를 시험하사 네 마음이 어떠한지 그 명령을 지키는지 지키지 않는지 알려 하심이라(신8:2)

숫자 40은 훈련의 시간으로 볼 수 있습니다. 노아의 홍수가 밤낮 40일 동안 있었고(창7:12), 이스라엘 백성들은 광야에서 40년을 보냈습니다(민14:33), 선지자 엘리야는 밤낮 40일을 걸어 하나님의 산 호렙에 이르렀고(왕상19:8), 예수님은 공생애를 시작하기 전 40일 동안 금식하며 기도하셨습니다(마1:13).

모세의 인생 주기는 40년으로 표현됩니다. 40년은 애굽에서 왕자로 살았고, 40년은 광야에서 목동으로 지냈으며, 40년은 이스라엘 백성들을 출애굽 하는 일에 지도자로 부름받았습니다.

숫자 40은 시련, 고난, 훈련, 기다림의 시간들이었으나 그 시간들은 성숙해지는 시간이 되었습니다. 주의 뜻을 이루는 일에 필요한 훈련이라면 40일, 40년이 아니라 인생의 모든 날들이라도 좋습니다. 숫자 40은 훈련입니다.

17. 50 - 새로운 시작

너희는 오십 년째 해를 거룩하게 하여 그 땅에 있는 모든 주민을 위하여 자유를 공포하라 이 해는 너희에게 희년이니 너희는 각각 자기의 소유지로 돌아가며 각각 자기의 가족에게로 돌아갈지며(레25:10)

오순절 날이 이미 이르매 그들이 다같이 한 곳에 모였더니...그들이 다 성령의 충만함을 받고 성령이 말하게 하심을 따라 다른 언어들로 말하기를 시작하니라(행2:1,4)

숫자 50은 희년과 오순절의 숫자입니다. 희년은 모든 것이 하나님의 것임을 인정하는 신앙고백입니다. 너무 가난해서 이웃에게 돈을 빌려 갚지 못해 그의 집에 종으로 살게 될지라도 희년이 되면 자유를 얻어 새로운 시작을 할 수 있습니다. 예수님이 부활하셔서 승천하시고 50일째 되는 날 성령의 강림하심으로 새로운 역사가 시작되었습니다. 성령께서 각 사람의 마음에 오심으로 하나님의 영이 함께 하는 사람으로 살게 된 것입니다. 예수님께서 하신 말씀이 기억납니다.

다른 보혜사를 너희에게 주사 영원토록 너희와 함께 있게 하리니...내가 너희를 고아와 같이 버려두지 아니하고 너희에게로 오리라(요14:16,18)

숫자 50은 새로운 시작입니다.

18. 58 - 부모님 사랑

누구든지 자기 친족 특히 자기 가족을 돌보지 아니하면 믿음을 배반한 자요 불신자보다 더 악한 자니라(딤전5:8)

5월 8일을 우리는 '어버이날'로 지키고 있습니다. 어버이 은혜에 감사하고, 효 사상의 미덕을 함양하기 위해 지정된 법정기념일입니다. 우리나라에서는 1956년부터 기념해온 '어머니날'이 1973년 '어버이날'로 제정되었습니다. 효는 십계명에서 시작됩니다.

하나님 사랑의 첫째 계명이 하나님만 사랑하는 것이고, 사람을 사랑하는 첫째 계명은 부모를 사랑하는 것입니다(출20:3,12). 부모 사랑 안에는 부모님만 사랑하는 것이 아니라 어른들을 사랑하라는 말씀도 포함되어 있습니다. 부모님 사랑은 살아계실 때 해야 됩니다.

돌아가신 후 묘지를 멋지게 꾸미고 제사를 지내는 것은 부모 사랑이 아닙니다. 하나님의 자녀는 부모님과 가족들을 사랑합니다. 숫자 58은 부모 사랑입니다.

19. 66 - 하나님의 말씀

예수께서 제자들 앞에서 이 책에 기록되지 아니한 다른 표적도 많이 행하셨으나 오직 이것을 기록함은 너희로 예수께서 하나님의 아들 그리스도이심을 믿게 하려 함이요 또 너희로 믿고 그 이름을 힘입어 생명을 얻게 하려 함이니라(요20:30-31)

숫자 66은 하나님의 말씀입니다. 구약성경은 39권으로 되어 있고, 신약성경은 27권으로 되어 있습니다. 하나님께서 이스라엘 백성들에게 십계명을 주실 때 직접 판에 글을 쓰셨습니다. 그 판은 하나님이 만드신 것이요 글자는 하나님이 쓰셔서 판에 새기신 것이더라(출32:16). 성경은 하나님의 말씀을 계시로 받은 자들이 그대로 기록하여 글로 남겼습니다. 이 책에 기록되지 아니한 다른 표적들도 많이 행하셨지만 기록된 것만으로도 그 이름을 힙입어 생명을 얻기에 충분한 말씀입니다. 기독교는 계시종교입니다. 말씀 없는 기독교는 있을 수 없습니다. 숫자 66은 하나님의 말씀입니다.

20. 70 - 동역자

또 모세에게 이르시되 너는 아론과 나답과 아비후와 이스라엘 장로 칠십 명과 함께 여호와께로 올라와 멀리서 경배하고(출24:1)

그 후에 주께서 따로 칠십 인을 세우사 친히 가시려는 각 동네와 각 지역으로 둘씩 앞서 보내시며(눅10:1)

숫자 70은 동역자들을 생각하게 합니다. 광야를 행진하는 동안 모세 혼자 할 수 없으니 모세와 같은 믿음의 사람을 세워 백성들을 지도하게 합니다.

너는 또 온 백성 가운데서 능력 있는 사람들 곧 하나님을 두려워하며 진실하며 불의한 이익을 미워하는 자를 살펴서 백성 위에 세워 천부장과 백부장과 오십부장과 십부장을 삼아(출18:21).

예수님께서는 열두 제자 외에도 70인을 세워 친히 가시려는 각 동네에 둘씩 앞서 보내셨습니다. 세례요한과 같이 주의 길을 예비하는 자로 삼으셨습니다. 주의 일은 혼자 할 수 없습니다. 같은 마음과 같은 뜻으로 합력하여 선을 이루어야 합니다. 숫자 70은 동역자입니다.

그 외에도 야곱의 가족 70명은 기근의 때에 하나님의 은혜를 입어 애굽으로 이주했고(출1:5), 유다는 바벨론의 포로가 되어 70년을 섬겼습니다(렘25:11).

21. 100 - 나를 잃어버리지 않으시는 하나님의 사랑

너희 생각에는 어떠하냐 만일 어떤 사람이 양 백 마리가 있는데 그 중의 하나가 길을 잃었으면 그 아흔아홉 마리를 산에 두고 가서 길 잃은 양을 찾지 않겠느냐 진실로 너희에게 이르노니 만일 찾으면 길을 잃지 아니한 아흔아홉 마리보다 이것을 더 기뻐하리라(마18:12-13)

숫자 100은 목자의 양의 수입니다. 예수님께서 비유로 말씀하셨지만 그 속에는 진리가 있습니다. 어떤 사람에게 양 백 마리가 있는데 그중의 하나를 잃었다는 것은 주인이 양의 수를 세고 있었다는 뜻이 됩니다. 목자는 양이 많으니 하나 정도는 잃어버려도 된다고 생각하지 않았습니다. 잃은 양을 찾기 위해 길을 떠납니다.

이와 같이 이 작은 자 중의 하나라도 잃는 것은 하늘에 계신 너희 아버지의 뜻이 아니니라(마18:14).

숫자 100은 하나님의 자녀입니다. 숫자 100은 나를 잃어버리지 않으시는 하나님의 사랑입니다.

22. 153 - 순종

예수께서 이르시되 지금 잡은 생선을 좀 가져오라 하시니 시몬 베드로가 올라가서 그물을 육지에 끌어 올리니 가득히 찬 큰 물고기가 백쉰세 마리라 이같이 많으나 그물이 찢어지지 아니하였더라(요21:10-11)

153은 대한민국 기업인 모나미에서 생산하는 볼펜입니다. 1963년 출시되어 현재까지 생산되고 있습니다. 153의 숫자의 뜻은 당시 '모나미 153'의 가격이 15원이었고 모나미의 3번째 제품이라는 이유로 만들어졌다고 합니다. 그러나 153은 복음 전파와 관련된 숫자로 나를 따라오라 내가 너희를 사람을 낚는 어부가 되게 하리라(마4:19)의 뜻이 담겨있습니다(백과사전).

밤새도록 수고하였으나 한 마리의 고기도 잡지 못한 제자들에게 '그물을 배 오른편에 던지라 그리하면 잡으리라' 하셨고 말씀에 순종했을 때 153마리가 잡혔습니다. 많은 물고기에도 그물이 찢어지지 않는 기적도 보았습니다. 숫자 153은 순종입니다.

23. 300 - 동행

에녹은 육십오 세에 므두셀라를 낳았고 므두셀라를 낳은 후 삼백 년을 하나님과 동행하며 자녀들을 낳았으며 그는 삼백육십오 세를 살았더라 에녹이 하나님과 동행하더니 하나님이 그를 데려가시므로 세상에 있지 아니하였더라(창5:21-24)

숫자 300은 동행입니다. 에녹이 세상에 사는 날 동안 한 것은 자녀를 낳으며 하나님과 동행하는 일이었습니다. 자기 이름을 높이거나, 명성을 위해 힘쓰거나, 세상이 놀랠만한 발명품을 개발한 것도 아닌데 그는 죽음을 보지 않고 하나님이 데려가셨습니다.

에녹은 그저 하나님과 동행했을 뿐인데 하나님께서는 그것을 기뻐하셨습니다. 365세까지 살았다는 것에 의미를 둔다면 1년 365일 하나님과 동행하며 살고 싶습니다. 동행은 같이 길을 걷는다는 뜻입니다. 숫자 300은 하나님과의 동행입니다. 기드온의 300용사도 있습니다(삿7:8).

24. 316 - 생명

하나님이 세상을 이처럼 사랑하사 독생자를 주셨으니 이는 그를 믿는 자마다 멸망하지 않고 영생을 얻게 하려 하심이라(요3:16)

네가 이같이 미지근하여 뜨겁지도 아니하고 차지도 아니하니 내 입에서 너를 토하여 버리리라(계3:16)

숫자 316은 생명입니다. 성경 66권을 한 절로 표현한다면 우리는 요한복음 3장 16절이라고 말합니다. 하나님께서 세상에 있는 사람들을 사랑하셔서 독생자를 보내주셨고 그를 믿는 자는 누구든지 멸망하지 않고 영원히 살게 되니 생명이 됩니다.

요한복음 3장 16절을 잘못 알아들어 요한계시록 3장 16절을 읽게 된다면 '내 입에서 너를 토하여 버리리라'는 말씀을 읽게 됩니다. 예수 그리스도를 통해 생명을 얻은 우리들은 구원받은 것으로 끝나면 안 됩니다. 그분을 뜨겁게 사랑하고, 그분의 말씀을 이루기 위해 열심히 살아야 됩니다. 숫자 316은 생명입니다.

25. 318 - 훈련받은 자

아브람이 그의 조카가 사로잡혔음을 듣고 집에서 길리고 훈련된 자 삼백 십팔 명을 거느리고 단까지 쫓아가서 그와 그의 가신들이 나뉘어 밤에 그들을 쳐부수고 다메섹 왼편 호바까지 쫓아가 모든 빼앗겼던 재물과 자기의 조카 롯과 그의 재물과 또 부녀와 친척을 다 찾아왔더라(창14:14-16)

숫자 318은 훈련받은 자의 수가 됩니다. 아브람과 조카 롯이 서로 떠나게 되었을 때 롯은 여호와의 동산 같고 애굽 땅과 같은 소돔과 고모라 성을 거주지로 선택했습니다. 그 땅에 전쟁이 있었고 엘람 왕 그돌라오멜을 중심으로 네 왕이 소돔과 고모라의 모든 재물과 양식을 빼앗아 갈 때 롯과 그의 가족들도 사로잡아 갔습니다.

아브람은 '집에서 길리고 훈련된 자 318명'을 거느리고 쫓아가서 사로잡혀 갔던 자들과 재물을 도로 찾아왔습니다. 아브람에게 훈련된 자들이 없었다면 롯과 그의 가족은 어떻게 되었을까요? 신앙생활은 영적인 전쟁과 같습니다. 늘 깨어 준비된 자만이 영적인 전쟁에서도 승리할 수 있습니다. 318은 훈련받은 자의 수가 됩니다.

26. 333 - 기도응답의 법칙

너는 내게 부르짖으라 내가 네게 응답하겠고 네가 알지 못하는 크고 은밀한 일을 네게 보이리라(렘33:3)

주여 들으소서 주여 용서하소서 주여 귀를 기울이시고 행하소서 지체하지 마옵소서 나의 하나님이여 주 자신을 위하여 하시옵소서 이는 주의 성과 주의 백성이 주의 이름으로 일컫는 바 됨이니이다(단9:19)

숫자 333은 기도 응답의 법칙으로 예레미야 33장 3절을 가리킵니다. 1원칙 너는 내게 부르짖으라. 2원칙 내가 네게 응답하겠고, 3원칙 네가 알지 못하는 크고 은밀한 일을 네게 보이리라.

기도를 인도할 때 '주여 삼창하겠습니다.'라고 하는 교회도 있습니다. 주여 삼창의 시작이 다니엘의 기도에서 찾은 듯 합니다. '주여 들으소서. 주여 용서하소서. 주여 귀를 기울이시고 행하소서' 숫자 333은 기도 응답의 법칙입니다.

27. 613 - 사랑

사랑하는 자들아 우리가 서로 사랑하자 사랑은 하나님께 속한 것이니 사랑하는 자마다 하나님으로부터 나서 하나님을 알고 사랑하지 아니하는 자는 하나님을 알지 못하나니 이는 하나님은 사랑이심이라(요일4:7-8)

모세오경에 기록된 율법을 613계명으로 부릅니다. '하라 246개'와 '하지 말라 365개'를 합하여 613계명이라 하는데 모세는 여호수아에게 이것을 노래로 써서 가르쳐 부르게 했습니다.

그러므로 이제 너희는 이 노래를 써서 이스라엘 자손들에게 가르쳐 그들의 입으로 부르게 하여 이 노래로 나를 위하여 이스라엘 자손들에게 증거가 되게 하라(신31:19).

613계명을 십계명으로 알기 쉽게 말씀해 주셨고(출20:1-17), 예수님은 제자들에게 둘로 요약해 주시며 하나님을 사랑하고 이웃을 사랑하라 하셨고(마22:37-40) 모든 계명을 하나의 계명으로 요약해 주셨습니다. 서로 사랑하라(요13:34)가 됩니다.

그러나 우리가 잊지 말아야 되는 것은 우리가 서로 사랑해야 하는 이유는 하나님의 사랑에서 시작됩니다. '하나님은 사랑이시라' 숫자 613은 사랑입니다.

28. 815 - 해방

너희는 다시 무서워하는 종의 영을 받지 아니하고 양자의 영을 받았으므로 우리가 아빠 아버지라고 부르짖느니라(롬8:15)

그의 손을 만지시니 열병이 떠나가고 여인이 일어나서 예수께 수종들더라(마8:15)

숫자 815는 해방의 숫자입니다. 8월 15일은 1945년 우리나라가 일본으로부터 광복된 것을 기념하고, 1948년 8월 15일 대한민국 정부 수립을 경축하는 날이 됩니다. 430년 동안 애굽의 노예로 살았던 이스라엘 백성들을 해방시켜 주신 것은 유월절이었습니다(출12:29).

예수 그리스도께서는 우리를 죄와 사망에서 해방시켜 주셨습니다. 베드로의 장모를 고치시니 열병이 떠나고 일어나 예수님께 수종들었다는 말씀이 마음에 새겨집니다. 애굽에서 자유를 얻은 이스라엘 백성, 죄에서 자유를 얻은 우리들은 자유를 얻은 것으로 끝나는 것이 아니라 하나님을 섬기는 자리까지 가야 됩니다. 이것이 진정한 해방입니다. 815 숫자는 해방입니다.

29. 969 - 기회

므두셀라는 백팔십칠 세에 라멕을 낳았고 라멕을 낳은 후 칠백팔십이 년을 지내며 자녀를 낳았으며 그는 구백육십구 세를 살고 죽었더라(창5:25-27)

숫자 969는 기회입니다. 창세기에 기록된 아담의 계보에는 아담의 후손들이 몇 살을 살았는지 기록되어 있습니다(아담은 930세, 셋 912세, 에노스 905세, 노아 950세). 성경에서 가장 오래 산 사람은 므두셀라였습니다. 인생의 숫자는 기회의 숫자입니다.

하나님께서는 사람의 생명을 주관하십니다. 낳고 죽음이 모두 하나님의 섭리 안에 있습니다. 인생의 숫자는 하나님께로부터 보냄을 받은 날부터 다시 하나님께로 돌아가는 날까지 우리에게 주어진 기회의 시간입니다. 어떻게 살아야 되는지 나는 선택해야 됩니다.

주어진 시간들 동안 선한 일에 힘쓰며 살 수도 있지만 자기 자신만을 위해 사는 자도 있습니다. 하나님의 자녀들은 아버지의 뜻을 따라 살면서 선한 역사를 이루며 살아야 됩니다. 숫자 969는 기회의 수입니다.

30. 3000 - 전도

그 말을 받은 사람들은 세례를 받으매 이 날에 신도의 수가 삼천이나 더 하더라(행2:41)

말씀을 들은 사람 중에 믿는 자가 많으니 남자의 수가 약 오천이나 되었더라(행4:4)

숫자 3000, 5000은 전도의 수가 됩니다. 예수님께서 승천하신 후 성령을 보내주셨고 제자들은 담대히 복음을 전했습니다. 그들의 이 말을 듣고 마음이 찔려 회개하는 운동이 일어났고 성령을 선물로 받았습니다. 그날에 자신의 죄 사함을 확신하며 세례를 받은 자들이 삼천 명이었습니다.

제사장들과 성전 맡은 자와 사두개인들은 제자들에게 예수 안에 죽은 자의 부활이 있다고 백성을 가르치고 전함을 싫어하여 더 이상 전하지 말라며 옥에 가두었습니다(4:3).

옥에서 나온 사도들은 공회 가운데 서서 예수 그리스도를 전했고 그날에 구원받은 남자의 수가 오천이나 되었습니다.

한 사람이 구원을 얻는 것도 기적이지만 하나님이 역사하시면 삼천이 아니라 오천도 돌이올 수 있다는 것을 보게 하셨습니다. 숫자 3000은 전도입니다.

31. 7000 - 남은 자

그러나 내가 이스라엘 가운데에 칠천 명을 남기리니 다 바알에게 무릎을 꿇지 아니하고 다 바알에게 입맞추지 아니한 자니라(왕상19:18)

숫자 7000은 남은 자의 수가 됩니다. 엘리야 선지자는 갈멜산에서 바알과 아스다롯을 섬기는 자들 앞에 홀로 서 있었습니다.

오직 나만 남았거늘 그들이 내 생명을 찾아 빼앗으려 하나이다(19:10).

하나님을 경외하지 않는 자들 가운데서 살아계신 하나님을 믿으며 홀로 선다는 것은 큰 믿음이 필요했습니다. 하나님께서 엘리야에게 말씀하십니다.

내가 이스라엘 가운데서 칠천 명을 남기리니 다 바알에게 무릎을 꿇지 아니한 자들이다 그들은 하나님이 남겨두신 무명의 그리스도인들이었습니다. 세상이 변하고 하나님을 경외하지 않을지라도 하나님께서는 믿음의 사람들을 남겨 두시고 그들을 통해 새 일을 행하십니다.

그 중에 십분의 일이 아직 남아 있을지라도 이것도 황폐하게 될 것이나 밤나무와 상수리나무가 베임을 당하여도 그 그루터기는 남아 있는 것 같이 거룩한 씨가 이 땅의 그루터기니라 하시더라(사6:13).

숫자 7000은 남은 자입니다.

32. 144000 - 구원받은 백성들

또 내가 보니 보라 어린 양이 시온 산에 섰고 그와 함께 십사만 사천이 서 있는데 그들의 이마에는 어린 양의 이름과 그 아버지의 이름을 쓴 것이 있더라(계14:1)

숫자 144000은 구원받은 백성들의 수를 말합니다. 이는 144000명만 구원받는다는 뜻이 아니라 구원받을 자가 많다는 의미가 됩니다.

어린 양의 피로 속량함을 받은 자들은 새 노래를 부르며 하나님을 찬양합니다. 하늘과 땅은 온통 찬양으로 가득하고 보좌 앞에 모인 144000명은 네 생물과 이십사 장로들과 함께 찬양합니다. 새 노래는 성령으로 거듭난 자들이 부르는 노래입니다.

이 사람들은 이 사람들은 여자와 더불어 더럽히지 아니하고 순결한 자라 어린 양이 어디로 인도하든지 따라가는 자며 사람 가운데에서 속량함을 받아 처음 익은 열매로 하나님과 어린 양에게 속한 자들이니 그 입에 거짓말이 없고 흠이 없는 자들이더라(계14:4-5).

숫자 144000은 구속함을 받은 백성들의 수가 됩니다.

33. 숫자를 세시는 하나님

참새 다섯 마리가 두 앗사리온에 팔리는 것이 아니냐 그러나 하나님 앞에는 그 하나도 잃어버리시는 바 되지 아니하는도다. 너희에게는 심지어 머리털까지도 다 세신 바 되었나니 두려워하지 말라 너희는 많은 참새보다 더 귀하니라(눅12:6-7)

그가 별들의 수효를 세시고 그것들을 다 이름대로 부르시는도다(시147:4)

태초에 하나님은 숫자를 창조하셨습니다. 하늘과 땅과 바다에 거하는 수많은 피조물들을 우리는 다 알 수도 없고 셀 수도 없지만 하나님께서는 모든 것의 숫자를 알고 계십니다. 하나님께서 허락하지 않으시면 하나도 땅에 떨어지지 않는다고 말씀하시며 모든 피조물들을 돌보시며 주장하시는 하나님의 능력을 알게 하셨습니다(마10:29).

하나님은 우리의 머리카락까지 세실만큼 나의 모든 것에 관심을 갖고 계십니다. 하나님은 우리의 모든 걸음을 세고 계시고, 예수 그리스도를 통해 영원한 나라로 인도하실 그날을 세고 계십니다. 0으로 시작되는 숫자는 그 끝을 알 수 없습니다. 숫자는 하나님의 영광을 나타냅니다. 하나님 보시기에 작은 숫자도 작지 않고, 큰 숫자도 크지 않습니다. 모두 하나님의 품에 있는 숫자이기 때문입니다. 숫자는 하나님의 영광입니다.

Chapter 5
삶으로 전하는 복음

1. 예약석 - 주가 쓰시겠다 하라

이르시되 너희는 맞은편 마을로 가라 그리로 들어가면 아직 아무도 타 보지 않은 나귀 새끼가 매여 있는 것을 보리니 풀어 끌고 오라 만일 누가 너희에게 어찌하여 푸느냐 묻거든 말하기를 주가 쓰시겠다 하라 하시매(눅 19:30-31)

성경공부를 마치고 학생들과 함께 식당에 갔는데 창가에 좋은 자리가 보였습니다. 전망도 좋고 분위기도 좋아 그곳에 앉으려고 했는데 푯말이 쓰여 있었습니다. '예약석' 저는 그 자리에 앉을 수 없었습니다. 식사를 마치고 돌아오는 길에 마음에 떠나지 않는 단어가 있었습니다. '예약석' '예약되어 있음' 아무나 앉을 수 없고 예약된 사람만 앉을 수 있는 자리 예약석. 저는 가슴에 손을 얹고 고백했습니다. '하나님, 저는 예약되어 있습니다. 나의 몸은 하나님께 예약되어 있습니다. 다른 사람에게 허용하지 않고 나의 주인 되시는 하나님께만 나의 몸을 드립니다. 나는 하나님께 예약되어 있습니다.' 하나님을 잘 모를 때에는 세상에 나를 허용하고, 세상이 내 마음을 주장하고, 나의 삶을 예약했지만, 이제 나는 하나님의 사람이기에 하나님에게만 내 마음과 삶을 드리고 싶습니다. 예약석에는 아무나 앉을 수 없듯이 하나님께 예약되어 있는 나의 마음에 아무나 앉게 할 수 없었습니다. 예약석에는 예약한 사람만 앉을 수 있듯이 나의 몸과 마음을 예약하신 하나님께만 나의 삶을 주장하실 수 있도록 내어 드리겠습니다. 나의 몸, 나의 입술, 나의 가정, 나의 미래를 예약하신 하나님께 나의 삶을 드리겠습니다. "나의 삶은 하나님에게 예약되어 있습니다."

2. 기대지 마세요(추락주의)

> 이에 예수께서 말씀하시되 사탄아 물러가라 기록되었으되 주 너의 하나님께 경배하고 다만 그를 섬기라 하였느니라(마4:10)

서울 둘레길 157Km를 완주하고 인증서를 받았습니다(인증번호 17942). 2017년 8월 14일 첫걸음을 시작했고 9월 14일 마쳤습니다. 서울 둘레길을 걷는 동안 몸으로 느끼며 깨닫게 된 삶의 순간들은 제게 적지 않은 용기와 격려가 되었습니다. 평창동 마을 길을 지나 산길을 걷고 있을 때 서울을 한눈에 바라볼 수 있는 전망대가 있었습니다. 그곳을 그냥 지나칠 수 없었습니다. 경치가 아름다워서가 아닙니다. 전망대 가운데 새겨진 글씨 때문이었습니다. '기대지마세요(추락주의)' 어디서나 흔히 볼 수 있는 주의 표시였지만 그날은 다르게 읽혀졌습니다.

'준호야! 기대지 마라. 눈에 보이는 세상의 화려함에 기대지 마라. 세상 허영에 기대지 마라. 가짜에 기대지 마라. 사람에게 기대지 마라. 명예에 기대지 마라. 돈에 기대지 마라. 높은 곳에 기대지 마라.' '기대지 마세요'가 주님의 말씀으로 읽혔습니다. 마귀가 예수님을 지극히 높은 산으로 가서 천하만국을 보여주며 '만일 내게 엎드려 경배하면 이 모든 것을 네게 주리라' 예수님께서 말씀하십니다. 사탄아 물러가라 주 너의 하나님께 경배하고 다만 그를 섬기라(마4:10). 하나님께서는 사막에 길을 만드시고 광야에 샘을 내십니다. 원하시는 것을 친히 이루시며 누구의 도움도 받지 않으시는 전능하신 분이십니다. 하나님을 내 인생의 유일한 주인으로 모셔야 합니다. 어리석은 것을 기대며 살아가는 사람들에게 고합니다. '기대지 마세요. 추락할 수 있습니다.'

3. 참고문헌

모든 성경은 하나님의 감동으로 된 것으로 교훈과 책망과 바르게 함과 의로 교육하기에 유익하니 이는 하나님의 사람으로 온전하게 하며 모든 선한 일을 행할 능력을 갖추게 하려 함이라(딤후3:16-17)

'12가지 인생의 법칙'이라는 책의 첫 장을 열어 그가 쓴 인생의 목차들을 살펴보았는데 맨 끝에 참고문헌이라고 쓴 글이 눈에 들어왔습니다. 저자가 글을 쓸 때 혼자만의 방식으로 글을 쓴 것이 아니라 글을 쓰기 위해 자신의 생각을 정리하기까지 많은 책과 논문들이 그에게 영향을 주었고, 그는 자신의 글을 쓸 때 그 책들을 참고했다고 글을 남겼습니다. 학자로서 양심적이고 바른 것이지요. 오늘 나를 나 되게 한 참고문헌들은 무엇이었을까를 생각해 보았습니다. 내 인생의 참고문헌은 성경입니다. 성경은 참고문헌이 아니라 내 인생을 만들어준 책입니다. 인생의 비밀을 알려준 책이고, 인생의 길을 알려준 책이며, 어떻게 인생을 살아야 하는지 인생의 방향을 정할 수 있도록 나침판이 되어준 책입니다. 성경은 참고문헌이 아니라 내가 꿈꾸는 삶 자체입니다. 성경을 통해 믿음의 사람들이 살아왔던 길을 보게 하십니다. 그들의 삶을 통해서 우리에게 기대하시는 하나님의 마음을 깨닫습니다. 성경을 읽을 때 이 시대의 다윗이 되고, 다니엘이 되고, 느헤미야가 되고, 바울이 되고, 이름도 없이 충성스럽게 살아갔던 주님의 자녀들이 되기를 원하시는 하나님의 마음이 전달됩니다. 성경 안에서 같은 인생을 꿈꾸고, 같은 길을 가며, 인생의 위기를 만날 때, 길을 잃었을 때, 형통할 때, 넘어졌을 때 성경을 참고하여 이겨낼 수 있기를 바랍니다.

4. 비상구 - 인생에도 비상구는 있다

내가 문이니 누구든지 나로 말미암아 들어가면 구원을 받고 또는 들어가며 나오며 꼴을 얻으리라(요10:9)

모든 건물에는 긴급한 상황이 발생했을 때 피할 수 있는 비상구가 있습니다. 비상구는 비상시에 사용하는 출구지만 평상시 사용하지 않아도 항상 열려있어야 되는 문입니다. 긴급한 상황이 생겼을 때 내가 달려가는 곳이 비상구가 아닙니다. 비상구라고 표시된 곳으로 달려가야 피난처가 될 수 있습니다. 인생에도 비상구가 있습니다. 하나님께서 열어놓으신 비상구입니다. 예수님이 인생의 비상구입니다.

신앙생활을 하다 보면 이런저런 이유로 믿음에서 멀어지거나, 신앙생활을 포기하는 사람들을 보게 됩니다. 교회를 다니면서 받은 상처 때문일 수 있고 세상이 좋아서 떠난 사람일 수도 있습니다. 인생 전체를 주와 함께 살아야 됨이 마땅하지만 인생의 끝자락에서라도 주님 곁으로 돌아오게 되기를 기도하게 됩니다. 믿음의 자리를 떠나 있는 분들에게 말씀드립니다. 인생에는 비상구가 있습니다. 그 비상구는 예수 그리스도이십니다.

5. 어린이 보호구역 해제

여호와는 너를 지키시는 이시라 여호와께서 네 오른쪽에서 네 그늘이 되시나니 낮의 해가 너를 상하게 하지 아니하며 밤의 달도 너를 해치지 아니하리로다 여호와께서 너를 지켜 모든 환난을 면하게 하시며 또 네 영혼을 지키시리로다 여호와께서 너의 출입을 지금부터 영원까지 지키시리로다 (시121:5-8)

'어린이 보호구역'이 있습니다. 초등학교, 유치원, 어린이집, 학원 등 만 13세 미만 어린이 시설 주변 도로 중 일정 구간을 보호구역으로 지정해 어린이들의 안전한 통학공간을 확보함으로 교통사고를 예방하기 위해 만든 제도입니다. 스쿨존(School zone)이라고도 하는 이곳을 자동차가 통과하게 될 때 속도는 30km로 제한됩니다. 그 지역을 벗어나면 '어린이보호구역 해제'라는 표시가 나타납니다. '어린이보호구역 해제'라는 푯말을 보고 하나님께 감사했습니다. 하나님께서 보호하시는 구역은 예배당만이 아니었기 때문입니다. 심지어 하나님의 보호하심은 해제 구역이 없습니다. 인생의 모든 시간과 장소는 하나님의 보호구역입니다. 하나님의 보호하심은 끝이 없습니다. '지금부터 영원까지'입니다. 내 인생의 죽음으로 하나님의 보호하심은 종료되지 않습니다. 세상의 끝이 오기 전에 큰 환난이 있겠지만 택하신 자들을 위하여 그날들을 감하시리라 하셨고, 세상이 끝나는 날 그가 큰 나팔소리와 함께 천사들을 보내리니 그들이 그의 택하신 자들을 하늘 이 끝에서 저 끝까지 사방에서 모으리라 하셨습니다(마24:22, 31). 하나님의 보호하심은 선택받은 자들을 향하고 계십니다. 하나님의 보호구역 해제는 없습니다.

6. 공사중 - 불편을 끼쳐 죄송합니다

> 나를 능하게 하신 그리스도 예수 우리 주께 내가 감사함은 나를 충성되이 여겨 내게 직분을 맡기심이니 내가 전에는 비방자요 박해자요 폭행자였으나 도리어 긍휼을 입은 것은 내가 믿지 아니할 때에 알지 못하고 행하였음이라(딤전1:12-13)

아파트를 시공하거나 도로를 수리할 때 '공사중'이라는 표시를 해놓습니다. 그곳을 지나는 사람들에게 주의하라는 메시지를 담고 있습니다. '공사중'이라는 푯말 아래에는 '통행해 불편을 드려서 죄송합니다.'라는 문구도 있습니다. 공사현장은 그곳을 지나가는 사람들을 불편하게 합니다. 그래서 양해를 부탁하는 글을 써놓지요.

옆 사람에게 이야기해 보세요 '저는 공사중입니다.' 한 번 더 따라 해 보세요. '저는 공사중입니다. 통행해 불편을 드려서 죄송합니다.' 그래요. 우리는 아직 공사중입니다. 완성되지 않은 건물과 같습니다. 그래서 다른 사람에게 불편을 끼치고, 부모님에게 불편을 끼치고, 때론 힘들게도 합니다. 하지만 건물이 완성되면 멋지고, 웅장하고 많은 사람들에게 행복을 줍니다. 나를 힘들게 하는 사람이 있다면 '공사중'이라고 생각해 보세요. '아직 완성이 안 돼서 불편하게 하는 공사중' 하지만 성숙하게 되어 공사가 끝나면 하나님과 사람에게 멋지게 쓰임 받을 것이라는 기대를 가지세요. 이제부터 '공사중'이라는 글이 다르게 보일 것입니다.

7. 밧줄 - 내 인생 밧줄은 하나님이십니다

내가 산을 향하여 눈을 들리라 나의 도움이 어디서 올까나의 도움은 천지를 지으신 여호와에게서로다 (시121:1-2)

암벽을 오르거나 높은 산을 등산하는 사람들이 중요하게 생각하는 장비가 있습니다. '밧줄' 암벽을 타고 올라가면서 바위 중간중간에 팩을 박고 거기에 밧줄을 걸어놓습니다. 산을 오르다가 미끄러지게 될 때 그 밧줄이 나를 붙잡아 주니 밧줄은 생명줄입니다. 든든한 밧줄을 견고한 바위에 매어 놓을 때 위기에서 생명을 건질 수 있습니다. 등산가들이 밧줄에 자신을 맡기듯 세상을 살아가면서 우리 자신을 완전히 맡길 수 있는 것은 무엇일까요?

어떤 사람에게는 권력이 밧줄입니다. 권력을 잡게 되면 사람들이 그의 도움을 받기 위해 줄을 서기 때문입니다.

어떤 사람은 든든한 직장을 밧줄로 삼습니다. 안전한 삶을 보장해 준다고 믿고 있습니다. 사람들은 저마다 사는 동안 나를 붙들어 주는 무언가를 하나씩 붙들고 있습니다. 우리 그리스도인에게 있어서 밧줄은 무엇일까요? 우리의 밧줄은 하나님입니다. 하나님의 도우심이 없이는 아무것도 할 수 없기 때문입니다. 내 인생의 밧줄은 하나님입니다.

8. 자명종 시계 - 근신하라 깨어라

근신하라 깨어라 너희 대적 마귀가 우는 사자 같이 두루 다니며 삼킬 자를 찾나니(벧전5:8)

잠자면 일어날 줄 모르는 사람들을 위해 다양한 자명종 시계가 개발되었다는 것을 인터넷을 통해서 알게 되었습니다. 그중에 몇 가지를 소개하려고 합니다. 바퀴 달린 자명종 시계, 시간이 되면 울리면서 먼 곳으로 달려갑니다. 시계를 끄기 위해서는 일어나야 되겠지요. 목표물을 먼 곳에 놓고 리모컨으로 정중앙을 맞추면 꺼지는 리모컨 자명종 시계. 비몽사몽간에 일어난 아침에 자명종을 끄기 위해서 정신을 한곳에 집중하게 함으로서 일어나게 합니다. 더 놀라운 것은 프로펠러가 달린 자명종 시계가 있습니다. 시간이 되면 날아다닙니다.

자명종 시계를 끄기 위해서는 반드시 일어나야 됩니다. 잠자는 사람을 깨우기 위해 다양한 방법을 연구하고 개발했다는 것을 알게 되었습니다. 그만큼 잠자는 사람을 깨운다는 것이 어렵다는 것이겠지요. 자명종 시계를 통해 깨닫게 됩니다. 잠자는 사람을 깨우기 위해서도 연구하며 노력하는데, 잠자는 영혼을 깨우기 위해서 나는 무엇을 하고 있는가? 그리스도인은 잠자는 자가 아니라 깨우는 자들입니다. 깨워야 할 사람들이 잠자고 있다면 잠자는 자들을 깨울 수 없습니다. 우리는 잠자는 자들을 깨울 수 있는 자명종이 되어야 합니다. 나의 삶이, 나의 외침이 잠자는 사람들을 깨우는 자명종이 되면 좋겠습니다.

9. 축구공 - 스포츠와 신앙생활

경기하는 자가 법대로 경기하지 아니하면 승리자의 관을 얻지 못할 것이며(딤후2:5)

스포츠와 신앙생활에는 닮은 꼴이 있습니다. 축구에는 규칙이 있으니 경기하는 선수들은 규칙을 잘 알아야 합니다. 경기 중에 규칙을 어기면 경고를 받게 되고 심하면 퇴장도 가능합니다.

믿음의 길에도 규칙이 있습니다. 평상시에 자신을 잘 관리하고 연습하여 준비된 선수가 경기장에서도 잘할 수 있듯이 일상 속에서 경건한 삶을 사는 성도가 어려운 일을 만났을 때 승리할 수 있습니다.

축구장의 꽃은 골대가 있다는 것이고 공을 골대로 넣었을 때 기쁨이 있습니다. 골대가 없다면 어디로 공을 차야 될까요? 신앙생활도 천국이라는 목표가 있기 때문에 그곳을 향해 달려갑니다.

경기장에는 열두 번째 선수라고 불리는 응원단이 있습니다. 잘했을 때는 박수를 쳐주고, 실수했을 때에는 괜찮다고 격려해 줍니다. 신앙생활에도 허다한 무리들이 우리를 격려하고 있다는 것을 기억해야 합니다. 경기장에는 심판이 있습니다. 경기의 흐름을 주관하고 선수들의 옳고 그름을 판단합니다. 선수들은 심판의 말에 절대복종해야 합니다. 우리의 삶에도 선악을 판단하시는 하나님이 계십니다. 모든 스포츠는 즐거워야 됩니다. 신앙생활도 주와 같이 길 가는 것 즐겁습니다.

10. 외부차량 주차금지 - 내 마음 그리스도의 집

너는 나 외에는 다른 신들을 네게 두지 말라(출20:3)

"외부차량 주차금지. 주차 시 견인해감"

우리 주변에서 흔히 볼 수 있는 글입니다. 조금 부드럽게 표현된 말도 있습니다. '주차 양보' '이곳은 수시로 차가 들어오는 곳입니다.' 이러한 글을 볼 때마다 세상이 참 삭막하다고 생각될 때 있지만, 입장을 바꿔놓고 생각하면 이해가 됩니다.

내가 값을 지불하고 사용하는 공간에 누군가 주인의 허락도 없이 날마다 마음대로 주차해놓고 연락처도 남겨놓지 않았다면 '이유가 있겠지.' 하고 양보할 사람들이 있겠습니까? 견인을 해서라도 나의 공간을 지키고 싶을 것입니다.

그러나 우리가 꼭 지켜야 할 곳은 주차공간이 아니라 그리스도를 영접한 내 마음의 집입니다. 내 마음에 아무것이나 들어와 주차하도록 허락하면 안 됩니다. '외부차량 주차금지'라는 푯말을 세우듯 '나쁜 생각 주차금지' '악한 마음 주차금지' '사탄 주차금지'의 푯말을 세워야 합니다. 그래도 내게 주차하려고 한다면 보다 강력한 도구를 써야 합니다. '주차 시 견인힘' 삶에 대해서는 부드럽게 행할 수 있으나 믿음에 대해서는 단호함이 필요합니다. 어둠의 생각이 내 마음에 자리 잡으면 단호하게 견인하세요. 견인을 해서라도 내 마음을 지키겠다고 다짐하세요. 그리고 강력한 푯말을 세워놓으세요.

'사탄의 생각 주차금지. 주차 시 견인해감'.

11. 메뉴판 - 위 이미지컷으로 실제 음식과 다를 수 있습니다

내가 진실로 진실로 너희에게 이르노니(요13:20)

식당 앞 메뉴판에는 안에서 먹을 수 있는 음식들이 그림과 함께 실려 있었고, 메뉴판 아래에는 작은 글씨로 이렇게 쓰여있었습니다.

'위 사진은 이미지 컷으로 실제 음식과 다를 수 있습니다.'

흔히 볼 수 있는 글이었지만 오늘은 다르게 느껴졌습니다. 예수님은 말씀과 삶이 동일하셨는데 '말과 행동은 다를 수 있습니다.'라고 말한다면 그분의 말씀에 신뢰할 수 있었을까? 그리스도인은 실제와 같아야 하고, 교회도 실제와 같아야 된다는 것을 깨닫게 해주는 글이었습니다.

요즘 가짜가 너무 많이 있습니다. 사진으로 볼 때는 그럴듯해 보이는데 막상 포장지를 열어보면 겉과 속이 다릅니다.

빈약한 알맹이를 화려한 껍질로 포장한다면 사람을 속이는 것과 같습니다. 그리스도인은 겉과 속이 같아야 됩니다. 말씀과 삶이 같아야 됩니다. 그럴듯한 그림으로 포장한 후 '실제와 다를 수 있습니다.'라고 말하지 말고 '위 그림과 똑같습니다. 실제와 같습니다.' 이렇게 살아야 되겠습니다.

12. 조각칼 - 따라 그리기

내가 그리스도를 본받는 자가 된 것 같이 너희는 나를 본받는 자가 되라
(고전11:1)

독일의 한 조각가는 사람의 모습을 얼마나 정교하게 조각하는지 팔의 핏줄마저도 섬세하게 조각해 살아있는 사람처럼 보이게 하여 그 작품을 보는 사람들로 하여금 감탄을 자아내게 했습니다.

사람들은 그 조각가에게 '어떻게 사람하고 똑같은 모습으로 조각을 할 수 있습니까?'라고 질문했습니다. 조각가는 언제나 똑같은 답변을 했습니다. '사람 아닌 부분을 조각칼로 도려내다 보면 어느 순간 아름다운 사람의 모습이 되어 있습니다.'

초등학교 미술시간에 고무판 위에 밑그림을 그리고 그림의 선을 따라 조각칼로 도려내는 수업을 한 적이 있습니다. 서툰 솜씨라 망치기 일쑤였지만 그래도 흉내는 낼 수 있었습니다. 전문가가 그려놓은 밑그림 위에 조각칼을 대었기 때문입니다. 우리에게는 내 인생 최고의 모델 되시는 예수 그리스도께서 계십니다. 예수께서 걸어가신 삶의 발자취를 따라 내 삶을 조각해 가다 보면 언젠가는 주님 닮은 나의 모습을 발견하게 될 수 있습니다. 선한 목자 되시는 예수 그리스도를 닮은 나의 모습을 만들기 위해 조각칼 하나 장만해야 되겠습니다.

13. 인생의 공구함

삼손이 나귀의 새 턱뼈를 보고 손을 내밀어 집어들고 그것으로 천 명을 죽이고(삿15:15)

손에 막대기를 가지고 시내에서 매끄러운 돌 다섯을 골라서 자기 목자의 제구 곧 주머니에 넣고 손에 물매를 가지고 블레셋 사람에게로 나아가니라 (삼상17:40)

공구함에는 다양한 도구들이 쓰임새에 맞게 준비되어 있습니다. 망치, 펜치, 드라이버, 실톱, 줄자 등 저마다의 특징이 있어 필요에 따라 사용됩니다. 하나님께서는 노아를 통해 방주를 만드셨고, 브살렐과 오홀리압을 통해서는 성막의 도구를 만드셨습니다(출31:2-5).

삼손은 나귀의 새 턱뼈로 블레셋 사람 천 명을 죽였고, 다윗은 물맷돌로 골리앗을 이겼습니다. 기드온의 삼백 용사는 횃불과 항아리를 사용했고, 가나안 땅 여리고 성을 돌 때에는 백성들의 목소리도 무기가 되었습니다. 내 인생의 공구함에는 어떤 것들이 준비되어 있나요? 공구함은 있는데 도구는 없는 빈 공구함으로는 아무것도 할 수 없습니다. 하나님께서 필요하실 때 언제든지 나를 사용하실 수 있도록 인생의 공구함에 공구들을 채워보세요.

14. 설거지 묵상

> 큰 집에는 금 그릇과 은 그릇뿐 아니라 나무 그릇과 질그릇도 있어 귀하게 쓰는 것도 있고 천하게 쓰는 것도 있나니 그러므로 누구든지 이런 것에서 자기를 깨끗하게 하면 귀히 쓰는 그릇이 되어 거룩하고 주인의 쓰심에 합당하며 모든 선한 일에 준비함이 되리라(딤후2:20-21)

가끔 아내의 수고로움을 돕기 위해 싱크대로 갑니다. 싱크대에는 더러워진 자신의 몸을 씻어달라고 기다리는 그릇들과 음식물 쓰레기들이 있습니다. 물로만 씻어도 되는 것이 있고, 기름기를 제거하기 위해 트리오를 사용해야 하는 것도 있고, 어떤 것은 뜨거운 물에 담가두었다가 씻어내기도 합니다. 그릇을 깨끗하게 씻어놔야 다시 사용할 수 있는 것처럼 우리의 몸과 영혼도 날마다 묻어나는 세상의 때를 씻어내야 다시 사용될 수 있습니다.

우리는 예수 그리스도의 보혈로 씻김을 당할 때 깨끗하게 될 수 있습니다. 밥상에 자주 오르는 그릇은 명품은 아니지만 늘 사용되는 그릇이니 하루에도 몇 번씩 씻김을 당합니다. 씻겨야 계속 사용될 수 있습니다. 씻기지 않고 싱크대에 있으면 깨끗이 씻길 때까지 주인이 사용하지 않습니다. 하지만 이제라도 씻기면 주인의 손에 들려집니다.

15. 우선순위 - 인생도 우선순위가 있습니다

> 그런즉 너희는 먼저 그의 나라와 그의 의를 구하라 그리하면 이 모든 것을 너희에게 더하시리라 (마6:33)

Hank 선생님은 수업이 시작되었을 때 커다란 빈 항아리를 집어 올려서 그것을 골프공으로 채우기 시작했습니다. 그리고 학생들에게 항아리가 가득 찼는지 물어보았고 학생들은 예라고 대답했습니다.

선생님은 다시 자갈 상자를 들어 항아리에 부었습니다. 자갈은 골프공 사이의 빈 곳으로 굴러 들어갔습니다. 그리고 학생들에게 항아리가 가득 찼는지 물어보았고 역시 학생들은 그렇다고 했습니다. 선생님은 다시 모래 한 상자를 들고서 그것을 항아리에 부었습니다. 그 모래는 모든 곳을 채웠습니다. 그러고 나서 책상 뒤에서 커피 두 잔을 만들어 항아리에 부었습니다. 선생님이 말했습니다. "이 항아리는 여러분의 인생을 상징합니다. 골프공은 인생에서 가장 중요한 것들을 말합니다. 예수님, 가족, 건강, 열정 등과 같은 것입니다. 그 밖의 모든 것을 잃고 오로지 그것들만 남는다 해도 여러분의 삶은 가득 찰 것입니다. 자갈은 직업, 집, 차와 같이 중요한 것들이고, 모래는 모든 작은 것들입니다. 만약 항아리에 모래를 먼저 넣는다면, 자갈이나 골프공이 들어갈 자리가 없겠죠."

그것은 우리의 인생에도 똑같이 통합니다. 정말 중요한 것에 신경을 쓰고, 삶의 우선순위를 정해야 합니다. 나머지는 그저 모래일 뿐입니다. 한 학생이 질문했습니다.

"커피는 무엇을 상징하나요?"

"우리의 인생이 아무리 가득 찬 것처럼 보여도 친구와 두 잔의 커피를 할 여유는 늘 있습니다."

16. 다윗과 사울의 숨바꼭질

여호와께서 환난 날에 나를 그의 초막 속에 비밀히 지키시고 그의 장막 은밀한 곳에 나를 숨기시며 높은 바위 위에 두시리로다(시27:5)

사울은 술래가 되고 다윗은 도망자가 되는 숨바꼭질이 시작됩니다. 사울은 다윗을 찾아내기 위해 군대를 동원하고, 다윗이 숨어있는 곳을 알려달라고 백성들에게 요청하기도 했지만 사울은 한 번도 이기지 못했습니다. 다윗은 아둘람 굴과 엔게디 요새, 심지어는 유다 땅을 떠나 블레셋 땅으로 가 숨기도 했습니다. 사울과 다윗의 숨바꼭질은 놀이가 아니라 생명을 담보로 했습니다. 사울을 피해 도망가는 다윗, 얼마나 불안하고 힘들었을까요?

오늘날에도 인생의 여러 가지 사연으로 인해 도망칠 수밖에 없는 위기에 놓인 사람들이 있습니다. 저도 한때는 돈 때문에, 사람과의 관계 때문에, 부지중에 실수한 일 때문에 가족으로부터, 빚진 자들로부터, 사람들로부터 도망치고 싶은 사람 중에 한 명이었습니다. 세상 그 어디에도 피할 곳이 없었고, 기대어 의지하거나 마음을 나눌 수 있는 사람이 없었습니다. 인생의 동굴 속에 깊이 숨어들어가 모든 것을 포기하고 조용히 침묵하고 있을 때 나를 찾아내신 분이 하나님이셨습니다.

인생의 문제들은 사울처럼 내게 상처를 주고, 날 죽이기 위해 찾았지만 하나님은 닭이 알을 품듯 품어주시고 위로해 주시고 힘주시기 위해 날 찾아오셨습니다. 알고 계시나요? 하나님은 인생의 위기에서는 숨겨주시고, 절망에 빠졌을 때는 찾아오셔서 위로해 주시고 걸어갈 힘주십니다. 모두 힘내세요.

17. 쓰레기통은 집 밖에 있습니다

그 수소의 고기와 가죽과 똥을 진 밖에서 불사르라 이는 속죄제니라(출 29:14)

귀하고 가치 있는 것일수록 소중한 곳에 보관하고, 버려지고 냄새나는 것들은 베란다나 집 밖에 놓아둡니다. 아파트나 관공서 어디를 가도 쓰레기통이 건물 안에 있는 곳은 보지 못했습니다. 건물 뒤나 사람들의 눈에 잘 띄지 않는 곳에 놓아둡니다. 우리 교회 쓰레기통도 건물 뒤에 있습니다. 아침에 집을 나서는데 옆집의 쓰레기봉투가 밖에 나와 있는 것을 보았습니다. 늘 볼 수 있는 상황이었지만 그날은 달랐습니다. 부정하다고 생각되는 것은 성전 안으로 가져오지 못하게 했고, 진 밖에 버리라고 하신 말씀이 생각났습니다. 깨끗하지 못하고 구별되지 못한 것은 성전에 들어올 수 없었습니다. 구별하기를 원하셨던 것이지요. 사람도 쓰레기는 집 밖에 내놓고, 냄새나는 것들은 집 밖에 두면서 '왜 너는 네 속에 거룩하지 않고 깨끗하지 않고 냄새나는 것들을 네 몸 밖으로 버리지 못하느냐.' 하는 깨달음이 있었습니다. 주님이 내 인생의 소중한 분이라면 내 안에 모시고 섬기고 존귀히 여겨야 되는데, 문밖에 서서 두드리시는 주님조차 거절하며 지나온 세월을 보니 주님을 집 밖으로 버려야 할 쓰레기 취급을 했다는 사실에 죄송함과 부끄러움이 밀려왔습니다. 주님을 내 인생의 주인이라 고백은 했지만 아직 내 중심에 계시지 않고 내 변두리에만 계신 것은 아닌지 돌아봅니다. 아직도 내 안에는 세상 것들이 가득 차 있어 주님을 내 마음 밖으로 몰아내었는지 모르겠습니다. 쓰레기통은 집 밖에 있습니다. 주님은 내 안에 계십니다.

18. 이정표

> 푯대를 향하여 그리스도 예수 안에서 하나님이 위에서 부르신 부름의 상을 위하여 달려가노라(빌 3:14)

'돌멩이 하나쯤 돌려놓는다고 무슨 일이 있을까 하고 가볍게 생각할 수 있다. 하지만 화살표 방향이 바뀌었을 때 순례자는 엉뚱한 길로 접어들 수 있다'. 『산티아고를 걷다』라는 책에 나온 글입니다. 산티아고 순례자 길을 걷는 사람들은 모두 이정표를 보고 찾아갑니다. 그런데 이정표가 모두 똑같지 않고 마을의 특색에 따라 조금씩 달랐습니다. 작가는 화살표가 표시된 돌멩이의 방향을 누군가 바꾸어 놓는다면 순례자는 엉뚱한 길로 접어들게 될 것이라는 글을 쓴 것이지요. 우리들의 삶에도 이정표가 있습니다. 인생의 걸음을 시작했을 때 이정표는 앞서 간 사람들의 발자취였습니다. 성공한 사람들이 살아온 길을 따라가는 것이 인생의 길인 줄 알았습니다. 그러나 그들도 실수가 있었고 온전하지 않다는 것을 알게 되었습니다.

두 번째 이정표는 제가 정했습니다. 나의 삶을 누군가 대신 결정해 줄 수 없고, 내가 가야 할 길들은 내가 정해야 된다고 생각했습니다. 그러한 나의 삶에 새로운 이정표가 생겼습니다. 목적지는 보이지 않고, 매일매일 어디로 가야 할지 방향을 정할 수 없지만 두렵지 않은 이정표가 생겼습니다. 하나님의 말씀이 제 삶의 이정표입니다. 말씀은 살아온 나의 삶의 방향과 생각을 바꾸었고, 삶의 목표도 바꾸어 놓았습니다. 이제는 내가 계획한 대로 인생이 되지 않아도 괜찮습니다. 화살표의 방향을 바꾸시는 분이 주님이시기 때문입니다.

19. BUS 노선 안내도

> 그러나 내가 가는 길을 그가 아시나니 그가 나를 단련하신 후에는 내가 순금 같이 되어 나오리라(욥23:10)

모든 버스에는 노선안내도가 있습니다. 노선안내도는 버스가 어디로 가는지 알려줍니다. 버스는 그 노선을 벗어나지 않습니다. 버스마다 목적지가 다르기 때문입니다. 그래서 우리는 우리가 가고자 하는 목적지로 가는 버스를 확인한 후 승차합니다. 그리고 걱정하지 않습니다. 버스는 나를 가고자 하는 목적지까지 정확하게 데려다줄 테니까요. 세상의 모든 사람들은 누구나 목적지가 있습니다. 우리의 목적지는 어디일까요? 그리스도인이 가는 길은 분명합니다. 흔들리거나, 한쪽으로 치우치거나, 중간에 노선을 바꾸지도 않습니다.

성도가 가야 할 목적지는 분명하기 때문이고 우리는 그곳으로 갈 것입니다. 우리 교회는 그곳을 향해 가고 있고, 교회의 버스에 탑승한 성도님들은 목적지를 향해 한 정거장씩 지나가고 있습니다. 빠르게, 때론 느리게, 고장이 나서 잠시 멈추거나, 사람의 욕심으로 난 사고로 정체될 때도 있지만 결국은 목적지로 갑니다. 우리가 말씀을 듣고, 성경을 읽고 배우는 것은 다른 곳으로 가지 않고 하나님께서 창조하셨고 계획하셨으며 친히 이루셨던 하나님의 나라에 안전하게 도착하기 위해서입니다. 우리는 분명한 목적지가 있는 사람입니다. 인생의 버스, 교회의 버스 운전자 되시는 예수님께서 우리를 안전하게 인도하실 것입니다. 그 버스에 탑승하셨다면 믿음의 안전벨트를 매시고 주님을 신뢰하며 중간에 내리지 마시기 바랍니다.

아직까지 탑승하지 못하신 분들은 지나는 길에 버스가 보이거든 빨리 탑승하셔서 기회를 놓치지 마시길 바랍니다.

20. 글쓰기의 '부호 문자'

　부호 문자들은 글을 쓸 때 사용하는 문자들인데, 이러한 문자들이 있기에 글을 읽을 수 있고, 글을 구분할 수 있으며 글의 마침을 알 수 있습니다.

　[줄바꿈표] 사역의 자리에서 쉼과 훈련의 자리로,

　[쉼표] 잠시 쉬며 안식을 누리고,

　[넣음표] 일용할 양식을 내 몸에 채우고,

　[따옴표] 인생에서 가장 중요한 예배를 드리고,

　[묶음표] 운동을 통해 하나가 되며,

　[음표] 찬양으로 하나님께 영광을 돌리고,

　[화살표] 천로역정의 길로 안내를 받고,

　[이음표] 부부의 삶을 격려하고 위로하며,

　[별표] 아브라함을 통해 약속하신 것들을 우리도 바라봅니다.

　[느낌표] 하나님께서 깨닫게 하신 것들을 묵상하고,

　[물결표] 하나님의 은혜의 글을 쓸 때 상상이 넘치게 하시고,

　[물음표] 살아온 삶에 대하여 말씀하시는 하나님의 질문에 성실하게 대답하고,

　[빠짐표] 그동안 마음에 잘못 채웠던 것들은 빼고,

　[드러냄표] 오직 하나님의 이름만 높이기를 다짐하며,

　[자리바꿈표] 다시 사역의 자리로 돌아갑니다.

　우리가 연필이라면, 하나님께서는 연필을 잡고 계시는 주인입니다. 연필은 주님이 원하는 글로 흔적을 남기며 주님의 이름을 새깁니다.

21. 지금은 화면 조정 시간입니다

자기 앞에 영광스러운 교회로 세우사 티나 주름 잡힌 것이나 이런 것들이 없이 거룩하고 흠이 없게 하려 하심이라(엡5:27)

성경은 우리가 예수님을 구주로 영접하는 순간 주님과 약혼한 신부가 된다고 가르칩니다. 예수님이 이 땅에 다시 오실 때, 우리는 어린양 되신 예수님의 신부가 되어 혼인 잔치에 참여하게 됨으로 인생의 끝을 해피엔딩으로 마치게 되지요. 그래서 예수 믿는 성도의 일생을 그분의 신부로 준비되는 시간이라고 말하기도 합니다. 이것을 기독교 교리에서는 '성화의 과정'이라고 합니다. 성도가 하나님의 손에서 빚어져 아름다운 관을 쓴 빛나는 신부가 될 수 있도록 하나님께서 우리를 도우십니다. 때론 고난으로 빚으시고, 때론 아픔으로 빚으시며, 상처로 빚으시고, 감당하기 어려운 사건들로 빚으시지만 우리를 향한 하나님의 마음은 "티나 주름 잡힌 것이나 이런 것들이 없이 거룩하고 흠이 없게" 하시려는 하나님의 사랑입니다. 하나님의 열심이 우리를 신부다운 신부가 되게 하십니다. 우리가 거룩하고 아름다운 신부로 빚어지는 동안 신랑 되신 예수님은 무엇을 하고 계실까요? 남편이 아내를 사랑하듯 교회를 사랑하시고 그 교회를 위하여 자신을 주셨으며(엡5:24), 우리를 위하여 처소를 예배하고 계시며(요14:3,4), 보라 신랑이로다. 맞으러 나오라(마25:6) 하십니다. 정규방송을 시작하기 전에 나오는 글에서 삶의 지혜를 배웁니다. '지금은 화면 조정 시간입니다.'를 저는 이렇게 바꿔보고 싶습니다. '지금은 나의 신랑 되신 예수님을 만나기 위해 거룩한 신부로 준비되는 시간입니다.'

22. 안전 안내 문자

> 이 예언의 말씀을 읽는 자와 듣는 자와 그 가운데에 기록한 것을 지키는 자는 복이 있나니 때가 가까움이라(계1:3)

코로나19가 계속되면서 정부와 지자체로부터 '안전 안내 문자'가 옵니다. 매일 정부로부터 문자를 받지만 관심 있게 읽는 국민들은 많지 않을 것으로 예상됩니다. 하나님은 기록하신 말씀을 통해 창세로부터 지금까지도 말씀하고 계시지만 귀 기울여 듣는 그리스도인은 그리 많지 않은 것 같습니다. 안타까운 일입니다. 에덴에서 아담이 그랬고, 노아 시대의 백성들이 그랬고, 소돔과 고모라 성이 그랬고, 애굽을 나와 광야를 통과하는 이스라엘이 그랬습니다. 가나안에 들어갔지만 말씀보다는 현실에 집중했고 풍성한 삶을 살았지만 믿음은 빈약해졌습니다. 길이요 진리요 생명이 되시는 예수님께서 오셨지만 어둠에 갇혀 깨닫지 못함으로 거절했습니다.

예수님은 가족에게 거절당하셨고, 자기 백성에게 거절당하셨고, 하나님의 일을 하는 제사장들에게 거절당하셨고, 이방인들에게도 거절당하셨습니다. 수많은 거절들을 뒤로하고 예수님의 말씀이 믿어지고 그 길을 걷는 자들도 있었습니다. 오늘날도 다르지 않습니다. 주님께서 작게 말씀하셔도 그게 들어야 되는데 작게 말씀하시면 대수롭지 않은 말씀으로 듣습니다. 목소리가 높아지면 잠시 멈춰 듣는 듯하지만 돌아서면 잊어버립니다. 들을 귀 있는 자가 복되다고 하셨지만 듣는 귀가 자꾸 사라져가니 마음이 아픕니다. 마리아처럼 예수님의 발아래에 앉아 더 좋은 것을 선택하는 믿음의 사람이 되면 좋겠습니다.

23. 십자가 - 십자가는 '더하기(+)'

그런즉 이스라엘 온 집은 확실히 알지니 너희가 십자가에 못 박은 이 예수를 하나님이 주와 그리스도가 되게 하셨느니라 하니라 (행2:36)

한 아이가 길을 걷다가 교회 종탑에 있는 십자가를 보았습니다. "엄마 저기 더하기 있다."라고 하자 엄마는 "아니야, 그건 십자가야."라고 말했습니다. 그러자 아이는 "아니야, 더하기야."라며 떼를 썼습니다.

엄마가 가만히 생각해 보니 십자가는 더하기였습니다. 십자가는 우리 인생을 더해줍니다. 십자가는 우리 꿈을 더해주고, 천국으로 인도해 주니 십자가는 더하기였습니다. 또 깨닫게 되는 것은 십자가는 더하기일 뿐만 아니라 '십자가는 빼기'라는 것이었습니다. 십자가 앞에 서면 나 자신을 비우게 됩니다. 우린 자꾸 덧셈을 합니다. 돈, 외모, 지식, 지위를 늘리려고 합니다. 그러나 십자가는 내게 있는 것을 내려놓게 합니다. 내 안에 있는 욕심과 이기심들을 자꾸 빼게 합니다. 또한 '십자가는 곱하기'입니다. 세상 사람들은 우리들을 더 높은 곳을 향해 달려가게 하지만, 십자가는 우리를 '저 높은 곳을 향해' 나아가게 합니다. 저 높은 곳을 주님과 함께 걸어가기에 십자가는 곱하기입니다. 또한 '십자가는 나누기'입니다. 어느 곳에 가든지 사랑받는 사람이 되고 싶어 했지만 주님께서 깨닫게 해주신 것은 어느 곳에 가든지, 누구를 만나든지 사랑하는 사람이 되게 해주셨습니다. 십자가는 내가 받은 하나님의 사랑과 은혜를 나누게 하는 나누기였습니다. 내게 있어 십자가는 무엇입니까? 십자가는 더하기입니다. 십자가는 빼기입니다. 십자가는 곱하기입니다. 십자가는 나누기입니다.

24. 버킷리스트(bucket list) - 죽기 전에 꼭 해야 할 일 '축복'

하나님의 사람 모세가 죽기 전에 이스라엘 자손을 위하여 축복함이 이러하니라(신33:1)

버킷리스트는 죽음을 앞둔 사람이 죽기 전에 하고 싶은 일을 적은 목록을 말합니다. 성경을 읽다가 모세가 죽기 전에 했던 일이 마음에 쏙 들었습니다. 모세는 죽기 전에 이스라엘 자손들을 축복했습니다. 출애굽 당시부터 가나안 입성 전까지 이스라엘 12지파가 했던 일들을 돌아보면 순종보다는 불순종이 더 많았습니다.

하나님의 돌보심과 은혜에도 불구하고 언제든 기회만 되면 애굽으로 돌아가고 싶어 했던 사람들입니다. 그럼에도 모세는 자신의 인생의 끝자락에 이스라엘 백성들을 축복합니다. 내 삶의 버킷리스트가 있다면 마지막 목록은 나를 만났던 모든 사람들을 축복하는 것입니다. 지나온 삶에 내게 상처를 주기도 하고, 무거운 짐을 남겨주기도 했지만 그들을 축복함으로 하나님께서 그들의 삶에도 새로운 기회를 허락해 주시기를 기도할 수 있다면 얼마나 아름다운 마무리가 될까요? 인생의 평가는 하나님이 하십니다. 모세에 대한 하나님의 평가입니다.

그 후에는 이스라엘에 모세와 같은 선지자가 일어나지 못하였나니 모세는 여호와께서 대면하여 아시던 자요 여호와께서 그를 애굽 땅에 보내사 바로와 그의 모든 신하와 그의 온 땅에 모든 이적과 기사와 모든 큰 권능과 위엄을 행하게 하시매 온 이스라엘의 목전에서 그것을 행한 자이더라(신34:10-12).

25. 선물상자 - 갈대상자

더 숨길 수 없게 되매 그를 위하여 갈대 상자를 가져다가 역청과 나무 진을 칠하고 아기를 거기 담아 나일 강 가 갈대 사이에 두고 그의 누이가 어떻게 되는지를 알려고 멀리 섰더니(출2:3-4)

인생을 살다 보면 내 힘으로는 아무것도 할 수 없는 순간들을 만나게 됩니다. '아들이 태어나거든 너희는 그를 나일강에 던지고 딸이거든 살려두라'는 바로의 명령이 있었으나 이를 어기고 석 달 동안 숨겼지만 더 이상 숨길 수 없는 순간이 찾아왔습니다. 부모는 아기를 위하여 갈대 상자를 만들고 역청과 나무 진을 칠한 후 아기를 갈대 상자에 넣었습니다. 아기를 위해 할 수 있는 최선의 방법이었습니다. 부모는 아기를 담은 갈대 상자를 나일강 갈대 사이에 둡니다. 이제부터 부모가 할 수 있는 것은 아무것도 없습니다. 할 수 있는 것이 있다면 갈대 상자가 어떻게 되는지 바라보는 것뿐이었습니다.

아기를 지킬 수 없다는 절망감과 애통함이 교차하는 시간입니다. 부모의 간절한 기도가 있었다면 아기는 부모의 손을 떠나지만 하나님께서 아기를 보호해 주시고 인도해 주시기를 간구할 뿐입니다. 아이에게 있어 갈대 상자는 노아의 방주를 생각하게 합니다. 어디로 갈지 알 수 없지만 하나님이 인도하시는 갈대 상자입니다. 바람 불고 파도치는 대로 흔들리는 갈대 상자지만 하나님이 돌보시는 은혜의 처소가 됩니다. 하나님이 함께 하시면 나일강에 떠 있는 갈대 상자라도 안전한 장소가 되게 하십니다. 예수 그리스도는 내 인생의 갈대 상자입니다. 작지만 크고 약해 보이지만 강하고 가장 안전합니다.

26. 기념일 - 나를 기념하라

또 떡을 가져 감사 기도 하시고 떼어 그들에게 주시며 이르시되 이것은 너희를 위하여 주는 내 몸이라 너희가 이를 행하여 나를 기념하라 하시고 (눅22:19)

식후에 또한 그와 같이 잔을 가지시고 이르시되 이 잔은 내 피로 세운 새 언약이니 이것을 행하여 마실 때마다 나를 기념하라 하셨으니(고전11:25)

5월은 가정의 달입니다. 어린이날, 어버이날, 스승의 날, 등 많은 기념일이 있습니다. 이외에도 생일, 세례 받은 날, 결혼기념일, 추도일, 교회 설립일 등 이 외에도 개인에 따라 다양한 기념일이 있겠지만 우리가 꼭 기억해야 할 기념일이 있습니다. 또 떡을 가져 감사 기도하시고 떼어 그들에게 주시며 이르시되 이것은 너희를 위하여 주는 내 몸이라 너희가 이를 행하여 나를 기념하라 하시고(눅22:19). 바로 성찬식입니다. 이 예식은 예수께서 친히 세우신 것으로 '나를 기념하라' 하셨습니다. 성찬식은 예수님이 다시 오시는 날까지 그 죽으심을 기억하게 하는 예식입니다. 우리가 성찬에 참여할 때 하나님께서는 자기 백성에게 힘을 주셔서 죄를 대적하게 하시고, 모든 고난에서 우리를 견고케 하시며, 성도들에게 영생의 소망을 갖게 합니다. 초대교회는 매 주일마다 성찬에 참여함으로 예수 그리스도를 기억했습니다. 초대교회 메시지의 중심, 신앙고백의 중심은 바로 예수 그리스도였습니다. 안타까운 것은 오늘날 신앙생활의 중심에 예수님이 보이지 않습니다. 메시지의 중심에 예수님이 선포되지 않습니다. 신앙생활 회복은 내 열심을 회복하는 것이 아니라 예수님이 내 삶의 중심되는 것입니다. '나를 기념하라'하신 예수님의 말씀을 묵상합니다. 주님 다시 오시는 날까지 주님을 기념하겠습니다.

28. 다림줄

또 내게 보이신 것이 이러하니라 다림줄을 가지고 쌓은 담 곁에 주께서 손에 다림줄을 잡고 서셨더니 여호와께서 내게 이르시되 아모스야 네가 무엇을 보느냐 내가 대답하되 다림줄이니이다 주께서 이르시되 내가 다림줄을 내 백성 이스라엘 가운데 두고 다시는 용서하지 아니하리니 (암7:7-8)

다림줄은 건물을 수직으로 세울 때 쓰는 측량 도구입니다. 다림줄이 하나님의 손에 들려져 있습니다. 이스라엘 백성들이 쌓은 인생의 담, 하나님을 경외함으로 쌓은 믿음의 담을 측량하기 위해서 잡으셨습니다. 하나님은 다림줄을 사용하지 않으셔도 우리의 모든 것을 알고 계시지만 인생의 기준이 하나님께 있다는 것을 말씀하시기 위해 다림줄을 손에 가지고 계셨습니다. 열심히 담을 쌓았지만 하나님의 기준으로 쌓지 않았다면 허물어 버리십니다. 최선을 다해 쌓는 것보다 중요한 것은 바르게 쌓는 것입니다. 하나님의 기준에 합당한 인생의 담을 쌓고 있는지 돌아보게 되는 말씀입니다. 인생의 다림줄은 하나님의 말씀입니다. 내가 얼마나 하나님의 기준에서 멀어져 있는지 확인하지 않으면 알 수 없습니다. 매일 저울에 자신의 몸을 달아보며 무게를 확인하지만 말씀의 저울에는 올라가지 않습니다. 두려움 때문이 아니라 중요하게 생각하지 않기 때문입니다. 하나님께서 다림줄로 내 인생의 담을 측량하시기 전에 우리 스스로 말씀의 다림줄로 나를 점검해야 합니다. 조금 빗나간 것은 작은 수고로 바로잡을 수 있지만 너무 많이 빗나갔으면 무너뜨리고 다시 쌓아야 됩니다. 매일 하나님의 말씀을 묵상함이 힘겨울 수 있지만 그 말씀이 내 삶을 바르게 세워갑니다.

29. 악보 - 내 인생의 악보

> 이 백성은 내가 나를 위하여 지었나니 나를 찬송하게 하려 함이니라(사 43:21)

오선지 위에 다양한 음표와 쉼표가 그려져 있습니다. 높은 음도 있고 낮은 음도 있고, 빠른 박자도 있고 느린 박자도 있습니다. 짧게 쉬는 쉼표도 있지만 길게 쉬는 쉼표도 있습니다. 노래를 만드는 작곡가의 손에서 음표와 쉼표가 만들어지고 아름다운 멜로디가 완성됩니다. 하나님께서는 내 인생의 오선지 위에 음표와 쉼표로 인생의 길을 만들어 놓으셨습니다. 높은 음자리, 낮은 음자리를 만들어 놓으셨고, 빠르게 불러야 하는 박자와 천천히 느리게 불러야 하는 박자도 새겨주셨습니다.

인생 박자 중간중간에 쉼표도 넣으셔서 숨넘어가지 않도록 하셨습니다. 때로는 처음부터 다시 불러야 하는 되돌이표도 넣으셨습니다. 처음부터 다시 불러야 하니 힘들다고 생각되었지만 다시 부르니 더 잘 부를 수 있습니다. 작곡자들이 오선지에 자신의 음표와 쉼표를 넣어가며 악보를 만들 듯, 하나님께서는 우리들의 인생 악보에 음표와 쉼표를 놓으셨습니다. 하나님의 손안에서 내 인생의 악보는 그렇게 완성되어 가고 있습니다. 나의 지혜와 나의 지식과 나의 경험으로 만들어진 인생 악보는 하나님이 나를 위해 만들어 놓으신 인생 악보를 뛰어넘을 수 없습니다. 하나님이 만들어 놓으신 인생 악보 아래에 그분의 말씀으로 작사를 하셨습니다. 하나님이 써 놓으신 가사는 나를 향한 사랑의 표현이고 세상을 향한 구원의 메시지가 되게 하셨습니다. 이제야 깨닫습니다.

이 백성은 내가 나를 위하여 지었나니 나를 찬송하게 하려 함이니라 나는 하나님을 노래하기 위해 만들어진 악보가 맞습니다.

30. 편지 - 교회를 향한 바울의 편지

신약성경 27권 중 바울이 기록한 서신은 13권입니다. 13권 중 10권은 모두 교회를 향하여 기록한 서신이고 3권은 목회서신으로 디모데와 디도에게 보낸 것이지만 그것 역시 교회를 위한 서신이었습니다. 바울 서신을 읽으면서 발견한 놀라운 사실은 대부분의 서신들이 선교여행 중에 기록되었고 일부는 복음을 전하다 감옥에 갇히게 되었을 때 기록되었다는 사실입니다. 1차 선교여행 때 갈라디아서를 안디옥에서 썼고, 2차 선교여행 중에는 데살로니가전, 후서를 고린도에서 기록했고, 3차 선교여행 중에는 고린도전서는 에베소에서, 고린도후서는 마케도니아에서, 로마서는 고린도에서 기록했습니다. 첫 번째 감옥에 투옥되었을 때 에베소서, 골로새서, 빌레몬서, 빌립보서를 기록했고, 감옥에서 풀려나게 되었을 때 디도서와 디모데전서를, 두 번째 투옥되었을 때 바울의 마지막 서신인 디모데후서를 기록했습니다. 바울은 하나님이 보내신 선교 현장에서 복음 증거에 생명을 다하면서도 세워진 교회를 향하여 돌보는 일들을 소홀히 하지 않았습니다. 직접 방문하여 말씀 전하기를 원했으나 그리할 수 없는 상황에 있었기에 서신을 통해 교회들을 말씀으로 세워갔습니다. 교회로 보낸 편지는 보내진 교회뿐만 아니라 주변의 교회에도 읽게 했습니다. 이 편지를 읽은 후에 라오디게아인의 교회에서도 읽게 하고 또 라오디게아로부터 오는 편지를 너희도 읽으라(골4:16). 우리도 읽어야 됩니다. 내가 이를 때까지 읽는 것과 권하는 것과 가르치는 것에 전념하라(딤전4:13). 바울서신을 통해 교회와 성도 된 내게 말씀하시는 주님의 음성을 귀 기울여 듣겠습니다.

31. 레고 - 메뉴얼

> 너는 고페르 나무로 너를 위하여 방주를 만들되 그 안에 칸들을 막고 역청을 그 안팎에 칠하라(창6:14)

> 너는 성막을 만들되 가늘게 꼰 베 실과 청색 자색 홍색 실로 그룹을 정교하게 수 놓은 열 폭의 휘장을 만들지니(출26:1)

아이들의 장난감 레고(lego)는 완성된 것이 아니라 스스로 조립하여 완성하는데 즐거움이 있습니다. 아무리 복잡한 것이라도 매뉴얼을 따라 조립하다 보면 완성된 모습을 볼 수 있습니다.

노아의 방주와 모세를 통해 말씀하신 성막도 어떻게 만들어야 하는지 하나님께서 디자인해 주셨습니다. 방주와 성막은 사람이 계획해서 만든 것이 아닙니다. 하나님이 계획하셔서 디자인하셨고 사람은 하나님의 말씀을 따라 순종함으로 만들었습니다. 우리들의 인생도 나를 만드신 분의 설명을 들어야 됩니다. 신앙생활도 어떻게 해야 하는지 성경에 기록되어 있습니다. 사용 설명서 없이 레고를 개봉하지 마세요. 믿음의 길도 가야 할 길이 있고 해야 할 일이 있음을 말씀하고 있습니다. 사용설명서를 읽으세요.

32. 풍선 - 헛되고 헛되도다

전도자가 이르되 헛되고 헛되며 헛되고 헛되니 모든 것이 헛되도다 해 아래에서 수고하는 모든 수고가 사람에게 무엇이 유익한가(전1:2-3)

풍선을 붑니다. 적당히 불어야 묶어서 다양한 놀이를 할 수 있습니다. 욕심에 너무 크게 불면 터져버립니다. 풍선은 아무리 크게 불어도 속이 비어있습니다. 풍선을 불어 꼭지를 잡은 후 사회자의 구령에 맞춰 손을 놓으면 미사일처럼 하늘을 향해 날아가지만 금방 땅으로 떨어집니다. 놀이를 해도 아무것도 남은 것이 없는 놀이는 하고 싶지 않습니다.

취미를 가져도 삶을 유익하게 하지 않는 것으로 즐거움을 누리고 싶지 않습니다. 바람 빠지면 사라지는 풍선의 삶이 아니라. 사라질지라도 남음이 있는 밀알의 삶을 살아야 되겠습니다.

33. 비행기 - 푯대를 향하여

푯대를 향하여 그리스도 예수 안에서 하나님이 위에서 부르신 부름의 상을 위하여 달려가노라(빌3:14)

이어령의 '종이비행기' 강연 가운데 인상 깊었던 말이 있었습니다. 종이 한 장으로 종이접기 놀이를 합니다. 종이로 눈을 만들 수도 있고, 컵 뚜껑으로 사용할 수도 있고, 다양한 용도로 사용할 수 있지만 종이비행기를 만들었습니다.

평범한 종이가 비행기가 되려면 아홉 번을 접어야 됩니다. 아홉 번의 고난을 이겨내야 하늘을 나는 비행기가 될 수 있습니다.

종이비행기는 내 마음대로 갈 수 없습니다. 바람 부는 대로 흘러갑니다. 내가 가고 싶은 곳으로 가려면 내 삶에 엔진을 달아야 합니다. 내가 방향을 정하고 그곳으로 갈 수 있는 동력을 길러야 됩니다. 스스로 동력을 얻어야지 다른 사람에 의해 뜨면 떨어집니다. 종이를 접어 비행기를 만들고, 스스로 날아갈 수 있는 동력을 얻고, 방향을 정하여 그 방향으로 갈 수 있는 힘을 길러야 됩니다.

내 인생이 종이비행기라면 종이비행기를 만드시는 분은 주님이십니다. 나를 종이비행기 만드시려고 아홉 번의 접는 과정을 통과하게 하신 후 하나님께서 원하시는 곳으로 나를 보내십니다. 하나님께서 보내시는 그곳으로 향하는 기쁨을 누리고 싶습니다.

34. 목욕탕 - 다 때가 있기 마련이다

> 만일 우리가 우리 죄를 자백하면 그는 미쁘시고 의로우사 우리 죄를 사하시며 우리를 모든 불의에서 깨끗하게 하실 것이요(요일1:9)

버스에 붙어 있는 광고 문구입니다. '다 때가 있기 마련이다.' 이 글만 보면 '인생에는 다 때가 있기 마련이다.'로 이해할 수 있겠지만, 그 아래에 이렇게 쓰여있었습니다. '호유스파랜드24' 목욕탕 홍보 문구였습니다. 사람들의 시선을 끌기에 좋은 글이라 생각했습니다.

교회는 목욕탕과 같습니다. 목욕탕에 가는 목적은 하나입니다. 때를 밀기 위해서 가지요. 그런데 목욕탕 안에는 때를 밀고 있는 사람만 있지 않습니다. 이제 막 목욕탕에 온 사람을 시작으로, 때를 밀기 위해 탕에 들어가 있는 사람, 때를 미는 사람, 때를 다 밀고 쉬는 사람, 옷을 입고 나오는 사람 등 다양한 모습의 사람들을 만납니다. 교회도 그와 같습니다. 이제 막 신앙생활을 시작한 사람도 있고, 인생의 때를 벗고 새사람의 삶을 살아가는 자도 있습니다.

예배당에 있는 성도들이 모두 거룩한 사람들은 아닙니다. 그러니 제발 사람을 보고 낙심하지 마세요. 어쩌면 그는 때를 밀기 위해 탕 안에 들어있는 사람일 수 있습니다.

35. 분유 - 신령한 젖을 사모하라

> 갓난 아기들 같이 순전하고 신령한 젖을 사모하라 이는 그로 말미암아 너희로 구원에 이르도록 자라게 하려 함이라(벧전2:2)

'젖을 먹인다'는 것은 양육의 의미가 있습니다. 한 사람의 인생이 누구의 품에서 자라느냐에 따라 그의 인생의 행로가 달라집니다. 모세는 어머니 요게벳의 품에서 젖을 먹었고 애굽 공주에게로 갔습니다. 사무엘은 기도하는 어머니 한나의 품에서 젖 떼기까지 기다리다가 젖을 뗀 후에 그를 데리고 여호와의 집으로 갔습니다(삼상1:23-24). 베드로는 신령한 젖을 사모하라고 했습니다. 어릴 때부터 신령한 젖을 먹어야 하고, 장성한 사람이 되었을 때에도 신령한 젖을 사모해야 합니다. 아기들에게 육신의 좋은 것만 먹이지 마세요. 육신의 사람으로 끝납니다. 하늘의 신령한 것을 먹여야 하늘의 사람으로 자랍니다.

36. 달라gym - 새 사람이 되었어요

> 그런즉 누구든지 그리스도 안에 있으면 새로운 피조물이라 이전 것은 지나갔으니 보라 새 것이 되었도다(고후5:17)

'달라gym'은 헬스장 상호입니다. 근육질의 남자와 여자의 모습을 보여주며 여러분도 달라질 수 있다고 선전합니다. 인생의 달라짐을 꿈꾸며 개인 PT를 시작합니다. 식단을 조절하고 매일 자신이 먹은 것을 트레이너에게 보냅니다. 정해진 시간의 운동량을 소화하며 그 시간들을 견딤으로 조금씩 달라짐을 경험합니다.

헬스장에 등록했다고 달라지지 않습니다. 주어진 매뉴얼에 따라 육체를 훈련하는 고통과 인내의 시간들을 통과함으로 달라집니다. 육체의 달라짐은 진짜 달라짐이 아닙니다. 육체는 달라졌지만 속사람은 그대로 있기 때문입니다. 예수 그리스도 안에 있어야 진짜 달라집니다. 이전과 다른 인생이 됩니다. 속사람이 달라지니 겉 사람도 달라집니다. 이것이 진짜 달라gym입니다.

37. 배턴 - 다음세대

> 그 세대의 사람도 다 그 조상들에게로 돌아갔고 그 후에 일어난 다른 세대는 여호와를 알지 못하며 여호와께서 이스라엘을 위하여 행하신 일도 알지 못하였더라(삿2:10)

육상 경기 중 '계주 경기'라는 종목이 있습니다. 같은 편을 이룬 네 명의 선수가 일정한 구간을 나누어 맡아 차례로 배턴을 주고받으면서 달리는 경기입니다. 계주 경기에는 중요한 규칙이 있습니다. 배턴을 다음 선수에게 반드시 넘겨주어야 합니다. 아무리 빨리 들어와도 배턴 없이 들어오면 실격이 됩니다. 믿음의 경주를 시작한 우리들의 손에 배턴이 주어졌습니다.

우리에게 주어진 경기를 마치는 순간 다음 주자에게 배턴을 넘겨주어야 하는데 다음 주자가 없다면 어떻게 될까요? 가나안에 들어간 이스라엘이 조상들에게 돌아갔고 '그 후에 일어난 다른 세대는 여호와를 알지 못했습니다.' 그러한 역사가 반복되지 않기 위해서는 믿음의 배턴, 사명의 배턴, 선한 사역의 배턴을 넘겨주어야 합니다. 주님 오시는 그 날까지 다음 주자에게 배턴을 넘길 수 있는 믿음의 사람들이 계속될 수 있도록 힘을 내세요.

38. 의자 - 마음의 의자

청하건대 우리가 그를 위하여 작은 방을 담 위에 만들고 침상과 책상과 의자와 촛대를 두사이다 그가 우리에게 이르면 거기에 머물리이다 하였더라(왕하4:10)

우리가 이 보배를 질그릇에 가졌으니 이는 심히 큰 능력은 하나님께 있고 우리에게 있지 아니함을 알게 하려 함이라(고후4:7)

"우리 마음 안에는 하나의 '1인용 의자'가 있습니다. 마음의 의자에 '내가' 앉아 있으면 내가 주인이 되고, 돈이 앉아 있으면 돈이 주인이 되며, 사랑이 앉아 있으면 사랑이 주인이 됩니다. 의자의 주인을 예수님께 내어드린다면 예수님의 가르침대로 살아갈 수 있습니다. 당신의 마음 의자에는 누가 앉아있나요?"(사영리의 의자).

수넴 여인은 엘리사를 위하여 자신의 집에 '침상과 책상과 의자와 촛대'를 두었습니다. 엘리사을 향한 수넴 여인의 마음에서 주님을 향한 우리의 마음을 배웁니다.

저는 의자를 보면 내 마음의 의자에 앉아 계신 주님이 생각납니다.

39. 줄자 - 그의 위대하심을 측량하지 못하리로다

측량할 수 없는 큰 일을, 셀 수 없는 기이한 일을 행하시느니라(욥9:10)

여호와는 위대하시니 크게 찬양할 것이라 그의 위대하심을 측량하지 못하리로다(시145:3)

현재 세계에서 가장 높은 빌딩은 아랍에미리트 두바이에 위치한 브르즈 할리파입니다. 초고층 건물의 높이는 828미터로 2010년에 완공되었습니다. 언제 누가 이것을 넘어서는 건물을 지을지 알 수 없지만 사람들은 높이와 넓이와 길이 재는 것을 좋아합니다. 그것을 기록에 남기고 세계 최고를 자랑합니다. 찬송가 304장 '그 크신 하나님의 사랑' 3절의 가사입니다.

'하늘을 두루마리 삼고 바다를 먹물 삼아도 한없는 하나님의 사랑 다 기록할 수 없겠네. 하나님의 크신 사랑 그 어찌 다 쓸까 저 하늘 높이 쌓아도 채우지 못하리'

세상의 것들은 기록이 가능하지만 하나님이 행하시는 일들은 기록할 수 없습니다. 그 크기와 넓이와 깊이와 높이를 잴 수 없기 때문입니다. 누가 바다의 크기와 깊이와 넓이를 잴 수 있으며, 하늘의 높이와 넓이를 잴 수 있을까요? 하나님 앞에 겸손해야 될 인생입니다. '그의 위대하심은 측량하지 못하리로다' 아멘.

40. 샘플 - 본을 보였노라

내가 주와 또는 선생이 되어 너희 발을 씻었으니 너희도 서로 발을 씻어 주는 것이 옳으니라 내가 너희에게 행한 것 같이 너희도 행하게 하려 하여 본을 보였노라(요13:14-15)

대형마트에는 시식 코너가 있어서 맛을 보고 제품을 구입할 수 있도록 홍보합니다. 백화점 화장품 매장에도 화장품을 시연해 볼 수 있는 코너가 있습니다. 샘플은 맛보기용입니다. 군대에는 '시범조교'가 있습니다. 훈련병들에게 총기 사용하는 방법을 설명한 후 시범조교를 통해 보게 합니다. 마찬가지로 그리스도인은 예수님을 알지 못하는 자들에게 샘플이 되고, 시범조교가 됩니다.

예수님을 모르는 사람들에게 예수님을 설명하는 것보다 더 좋은 것은 나를 보고 예수님을 믿게 하는 것입니다. 바울은 내가 주님을 본받는 자 된 것 같이 너희들은 나를 본받는 자 되라고 했습니다.

샘플이 필요합니다. 어려운 일을 당했어도 넘어지지 않는 샘플, 환난을 당하나 믿음을 지키는 샘플, 인생의 위기를 믿음으로 통과하는 샘플, 세상에 본을 보이는 샘플로 우리를 사용하시기를 기뻐하신다는 것을 기억할 수 있기를 바랍니다.

41. 조제약 - 나는 너희를 치료하는 여호와임이라

이르시되 너희가 너희 하나님 나 여호와의 말을 들어 순종하고 내가 보기에 의를 행하며 내 계명에 귀를 기울이며 내 모든 규례를 지키면 내가 애굽 사람에게 내린 모든 질병 중 하나도 너희에게 내리지 아니하리니 나는 너희를 치료하는 여호와임이라(출15:26)

의사가 약을 제조할 때 모든 환자들에게 똑같은 약을 제공하지 않습니다. 환자의 상황에 따라 처방하는 약의 내용이 달라집니다. 우리 육신의 병을 치료하기 위해서도 병원을 찾고 필요한 약을 먹는데, 영혼의 병을 치료하기 위해서는 어디로 가야 될까요?

'약은 약사에게 진료는 의사에게'라는 표어처럼, 영혼의 병은 예수님께로 가야 됩니다. '인생의 방황은 예수님 만나면 끝나고, 영혼의 방황은 좋은 교회 만나면 끝난다.'라는 글을 읽은 적 있습니다. 영혼의 병은 하나님의 말씀에 순종할 때 치료가 됩니다.

육체의 질병조차 다스리시는 하나님이십니다. 병에 걸리는 것을 두려워하지 말고 하나님의 말씀에 순종하지 못하는 몸을 두려워해야 됩니다. 치유의 역사는 하나님에게서 시작됩니다. 인생의 만병통치약은 '구약과 신약'입니다.

42. 저울 - 죄의 무게

기록된 글자는 이것이니 곧 메네 메네 데겔 우바르신이라. 그 글을 해석하건대 메데는 하나님이 이미 왕의 나라의 시대를 세어서 그것을 끝나게 하셨다 함이요, 데겔은 왕을 저울에 달아 보니 부족함이 보였다 함이요, 베레스는 왕의 나라가 나뉘어서 메대와 바사 사람에게 준 바 되었다 함이니이다 하니(단5:25-28)

벨사살 왕이 귀족들을 초대하여 잔치를 열었을 때 일어난 일입니다. 그들은 술을 마시며 금, 은, 구리, 쇠, 나무, 돌로 만든 신들을 찬양했습니다. 그때 왕궁 촛대 맞은편 벽에 글자를 쓰는 손가락을 보았습니다. 왕이 얼마나 두려웠는지 "넓적다리 마디가 녹는 듯하고 그의 무릎이 서로 부딪친지라"(5:6)고 했습니다. 다니엘이 그 뜻을 해석해 주었습니다.

"왕을 저울에 달아 보니 부족함이 보였다."라고 하십니다. 하나님의 저울에 부족하지 않은 사람이 어디 있을까요? 우리는 모두 하나님의 기대에 미치지 못하는 벨사살 왕과 같습니다.

우리는 살을 빼기 위해 저울 위에 올라가지만 죄를 빼기 위해 말씀 위에 올라가지는 않습니다. 감사한 것은 하나님을 경외하는 자녀들에게는 저울을 달지 않습니다. 부족한 줄 아시기 때문입니다. 우리의 죄를 저울에 달지 않으시고 예수님의 십자가로 용서해 주십니다. 인생의 무게, 죄의 무게가 가벼워서가 용서해 주시는 것 아닙니다. 하나님의 기준에 미치지 못한 줄 아시기에 달지 않으시고 용서해 주셨습니다.

43. 시간표 - 개인사정에 따라 변경될 수 있습니다

하나님이 모든 것을 지으시되 때를 따라 아름답게 하셨고 또 사람들에게는 영원을 사모하는 마음을 주셨느니라 그러나 하나님이 하시는 일의 시종을 사람으로 측량할 수 없게 하셨도다(전3:11)

초등학교 6학년 여름 방학 때 있었던 일입니다. 방학기간 동안 어떻게 보낼지 '방학기간 생활계획표'를 작성해 오라고 했습니다. 저는 생활계획표를 작성한 후 맨 아래에 다음과 같이 글을 썼습니다. '개인 사정에 의해 변경될 수 있습니다'. 신문에 나오는 TV프로그램 편성표 맨 아래에 있던 글을 인용했습니다. 숙제검사가 있는 날 제 숙제에는 선생님의 도장이 찍혀 있지 않았습니다.

아마도 마지막에 제가 썼던 글이 마음에 걸린 모양입니다. 세월이 지나 청소년들을 지도하게 되었을 때 '인생 시간표' 만들기를 했습니다. 발표하는 시간에 저의 어린 시절에 있었던 일을 이야기했습니다. 그리고 이렇게 말했습니다. '개인 사정에 의해 변경될 수 있습니다.'가 아니라 '나의 인생은 하나님의 계획에 의해 변경될 수 있습니다.' 인생의 시간표 내 뜻이 아니라 아버지의 뜻 이루는 시간표 되기를 바랍니다.

44. 인증샷 - 자기를 위한 기념비

사무엘이 사울을 만나려고 아침에 일찍이 일어났더니 어떤 사람이 사무엘에게 말하여 이르되 사울이 갈멜에 이르러 자기를 위하여 기념비를 세우고 발길을 돌려 길갈로 내려갔다 하는지라(삼상15:12)

사울은 아말렉과의 전투에서 승리하고 돌아올 때 하나님께 영광을 돌리기보다는 자기를 위하여 기념비를 세웠습니다. 사울은 전투에서는 승리했지만 하나님의 말씀을 지키는 일에는 실패했습니다. 하나님께서 원하시는 것은 순종이라고 말씀하셨습니다(15:22). 요즘 어디를 가든지 인증샷을 남깁니다. 맛있는 것을 먹을 때도 남기고, 여행지에서도 남기고, 인생샷이라는 이름으로 멋진 장소에서 기념비와 같은 인증샷을 남깁니다.

나의 기념비가 아니라 하나님께서 남기고 싶어 하시는 인증샷이 있습니다. 여호수아가 요단에서 가져온 그 열두 돌을 길갈에 세우고 이스라엘 자손들에게 말하여 이르되 후일에 너희의 자손들이 그들의 아버지에게 묻기를 이 돌들은 무슨 뜻이니이까 하거든 너희는 너희의 자손들에게 알게 하여 이르기를 이스라엘이 마른 땅을 밟고 이 요단을 건넜음이라(수4:20-22) 하나님의 역사와 그분의 능력을 드러내는 인증샷, 하나님께서 우리를 위해 행하신 일을 다음 세대에 남길 수 있는 인증샷들이 많아지기를 바랍니다.

45. 에프킬라 - 마귀를 대적하라

예수께서 꾸짖어 이르시되 잠잠하고 그 사람에게서 나오라 하시니 더러운 귀신이 그 사람에게 경련을 일으키고 큰 소리를 지르며 나오는지라 다 놀라 서로 물어 이르되 이는 어찜이냐 권위 있는 새 교훈이로다 더러운 귀신들에게 명한즉 순종하는도다 하더라(막1:25-27)

성경에는 귀신들린 자에 대한 이야기가 나옵니다. 사람들이 귀신들린 자를 예수님께 많이 데려오니 주의 이름으로 귀신을 쫓아내시고(마7:22), 주의 말씀으로 귀신을 쫓아내셨고(마8:16), 귀신들려 말 못하게 된 자를 귀신을 쫓아내고 말하게 하셨습니다(마9:33). 예수님은 열두 제자들에게 "더러운 귀신을 쫓아내는 권능을 주셨습니다"(마10:1). 귀신은 사람들을 괴롭게 하고 병들게 하지만 예수님은 귀신을 쫓아내심으로 자유와 함께 육신의 병을 고쳐주셨습니다. 더러운 귀신들은 예수님을 보면 두려워 떨었습니다(막3;11). 예수님 앞에 귀신은 힘을 잃습니다. 예수님은 귀신 잡는 킬러입니다. 귀신을 두려워하지 말고 귀신을 쫓아내시며 멸하시는 예수님을 의지할 수 있기를 바랍니다.

마귀의 간계를 능히 대적하기 위하여 하나님의 전신 갑주를 입으라(엡6:11)

그런즉 너희는 하나님께 복종할지어다 마귀를 대적하라 그리하면 너희를 피하리라(약4:7)

46. 12색연필 - 우리는 한 세트

열두 사도의 이름은 이러하니 베드로라 하는 시몬을 비롯하여 그의 형제 안드레와 세베대의 아들 야고보와 그의 형제 요한, 빌립과 바돌로매, 도마와 세리 마태, 알패오의 아들 야고보와 다대오, 가나나인 시몬 및 가룟 유다 곧 예수를 판 자라 (마10:2-4)

엄마라는 이름으로 남편 없이 두 명의 어린 자녀를 키우는 분을 알고 있습니다. 그녀는 무엇을 하든지 자녀와 함께 합니다. 쇼핑을 할 때도, 영화를 보기 위해 극장을 갈 때도, 친구에게 식사 초대를 받아 외식을 할 때도 함께 갑니다. 어떤 결정을 해야 할 때 아이들과 함께 할 수 있는지를 먼저 생각합니다. 그래서 제가 물어보았습니다. "무엇을 하든지 아이들과 함께 해야 되나요?" 그때 그분의 대답에 깜짝 놀랐습니다. "제가 저 아이들의 엄마잖아요. 제가 없으면 돌볼 사람이 없어요. 저희는 한 세트입니다." 한 세트, 그 가족은 한 세트였습니다. 하나씩 떨어져서는 존재할 수 없는 한 세트. 어린 시절 크레파스를 사러 가면 12색, 24색, 어떤 것은 48색도 있었습니다. 사용을 하다 보면 부러지기도 하고 잃어버리기도 하고, 좋아하는 색은 많이 사용하여 금방 없어지기도 했습니다. 색을 칠하려고 하면 다 있는데 한두 가지 색이 없어서 문방구에 가면 내가 필요한 색만 살 수가 없었습니다. 크레파스는 세트로 판매하기 때문이었지요. 12색이 하나로 있을 때 보기도 좋고 자기의 색을 낼 수도 있겠지요. 하나의 색만 있는 크레파스는 상상도 하고 싶지가 않네요. 사랑하는 성도님. 우리도 한 세트입니다. 화평이라는 믿음의 울타리에 모인 한 세트. 어떤 것은 자주 사용해서 빨리 없어지고, 어떤 것은 가끔 사용해서 많이 남아있고, 어떤 것은 부러져 반쪽만 남아있기도 하지만 우리는 여전히 주인이 필요할 때 쓰이는 한 세트입니다.